大眾心理學堂 PP008

看穿內心情緒的
行為暗示心理學

頂尖心理學家證實，
99% 人能看透的 50 招讀心術

人間関係を超「思いどおり」にする究極の読心術

內藤誼人——著
郭欣怡——譯

方言文化

本書源起

看穿他人內心情緒，人際互動零壓力

現今我們最大壓力來源為「人際關係」，而根據日本厚生勞動省以一萬一千四百四十人所做的調查，苦於「職場人際關係壓力」的人高達四一・三%。以下是位居前幾名的職場壓力來源：第一名為「與同事、後輩之間的人際關係」（四二%）、第二名是「與上司的人際關係」（四〇%）、第三名則為「薪資太低」（三二%）（en-japan於二〇一五年所做的調查）。

然而，只要學會看穿他人內心情緒，壓力將奇蹟地轉為零。

倘若能夠讀取對方的心，不論跟誰都能和睦相處，還能取悅對方，漸漸地就不會被討厭，且能登上「人氣王」寶座——根據美國加州大學（University of California）心理學家克里斯・博亞茲（Boyatzis, C. J.）研究指出，擁有此能力的人皆會受到大家歡迎。

不僅如此，在大人的世界只要學會此種技能，便能在待人接物時設想周全、機靈行動。許多人為了提高工作能力而努力打拼，但如何「解讀他人內心」更是不容忽視的一門學問，請大家一起透過本書訓練自己完全掌握此種能力吧！

本書源起　看穿他人內心情緒，人際互動零壓力 006
前言　解讀行為痕跡，暗藏心機全顯露 013

第1章 掌握「人性弱點」和「時機」，再頑強心防都能瓦解

❶ 如何察覺對方「內心變化」？ 018
❷ 善用「出醜效應」，降低他人戒心 021
❸ 酒後吐真言！讓對方喝醉自己不醉的訣竅 024
❹ 「綽號」有魔力，拓展人脈的利器 027
❺ 可靠情報總在「廁所」流轉 029
❻ 「聽與說」黃金比例，巧妙引出真心話 032
❼ 與對方情緒同步的「反射話術」 035
❽ 「視線接觸」看時機，緊盯不放壓力大 038
❾ 剖析性格的「相貌心理學」 041

第2章

從「聲音語調」和「行為暗示」精準看穿他人

❶「聲音語氣」易洩底，性格情緒難掩藏 …… 048
❷ 說話隱瞞？「眼神＋頭部擺動」能拆穿 …… 051
❸ 坐姿雙腳怎麼擺，一眼看出內心不安 …… 054
❹ 雙腳開合變化，攻擊防衛的預告 …… 057
❺ 頻頻「交叉換腿」，內心不耐煩徵兆 …… 060
❻ 說話越自信，肢體動作也越大 …… 063
❼ 恐懼緊張的身體僵硬，大腦的防衛反應 …… 066
❽「伸手觸摸」是內心想擁有的潛意識 …… 069
❾ 破解對方謊言的「木偶鼻效應」 …… 072
❿ 爭論時呼吸急促，情緒即將失控的前兆 …… 075
⓫ 不自主揉捏脖子，焦慮緊繃的訊號 …… 077
⓬ 說話習慣扯東扯西，怕寂寞是背後原因 …… 079

13 交談手指一直放嘴邊，言詞內容多隱瞞 081
14 「聲音與身高」透露自信度？ 083
15 說不停惹人厭，對方接話好時機怎看出？ 088
16 對你好感或討厭？眉毛、目光全表露 091

第3章 聽懂「暗示語」，接話漂亮，誰都喜歡你

1 「話中有話」的暗示，如何解讀？ 098
2 真心話怎麼套出？「門把效應」最有效 102
3 這個時候說「不懂」，其實是「討厭」 105
4 常說「我沒辦法」，是什麼性格？ 108
5 會議前空檔，能探知職場「潛規則」 111
6 總愛「搶先發話」，領導欲強烈的特質 114
7 權力主從關係，「同步現象」能看出 116

❽ 核心人物怎麼辨識？留意「目光焦點」……119
❾ 「樂觀」或「悲觀」個性，從何得知？……122
❿ 面對「惜字如金」的人，怎麼套話？……125
⓫ 「假設語氣」，讓人容易說溜嘴……128
⓬ 對方不直說，「裝不懂」就對了……131
⓭ 可否信任？看「攀談頻率」能知道……134
⓮ 偏愛哪種異性？暗藏性格大不同……138

第4章 日常習慣與好惡，窺探「情緒性格」的鑰匙

❶ 好感度多少，「人際距離」看得出……144
❷ 遲到理由百百款，背後真相是不在意……147
❸ 老是「忘東忘西」，不在乎是原因……150
❹ 習慣出入的場所，揭穿個性的情報站……153

❺ 在意外表的人，渴望表現自己？……156
❻ 看鞋子怎麼穿，能破解個性密碼……158
❼ 把錢花在哪，顯露「個性原形」……161
❽ 緊張時容易口渴，為什麼？……164
❾ 抽菸手勢與吐煙方式，直通內心世界……167
❿ 顏色偏好和個性有關，色彩心理學大揭密……171
⓫ 電郵測心術，好感度精準讀取……174
⓬ 走路步伐和擺手，內心情緒全顯露……177
後記　人的直覺最準確，看穿對方能靠它……180
參考文獻……182

前言

解讀行為痕跡，暗藏心機全顯露

「你剛從阿富汗回來，對嗎？」

「咦？你怎麼知道？」

這是名偵探福爾摩斯與未曾謀面的華生醫生見面時，令華生醫生感到驚訝的一句話。當時的華生醫生是一名軍醫，隨著軍隊參加阿富汗的邁萬德（Maiwand）戰役時，因為受傷的關係剛返回倫敦。

但是，為什麼福爾摩斯知道華生醫生剛從阿富汗回國呢？

「他看起來像是有著醫者風範的紳士，但同時也散發著軍人氣質。綜合這些情報推測，猜想大概是軍醫。雖然臉部黝黑，但手腳的膚色卻是白的，因此可推斷他的膚色並非天生，應該是剛從熱帶地方回國。他的左手受著傷，而在熱帶地方我國的軍醫竟然也會有手腕受傷的情況，這苦難之處應該就是阿富汗了。」*

聽完福爾摩斯的分析，不禁讓人驚嘆：「原來如此！」福爾摩斯不僅是位家喻戶曉的名偵探，同時也是一位讀心專家。他能從微小的線索預測該人物接下來將採取的行動模式，甚至能正確猜出對方的個性，福爾摩斯擁有銳利地洞察眼光，讓人感到驚恐。

福爾摩斯曾經只看了委託者傑比斯・威爾遜（Jabez Wilson）一眼後，便看穿對方，表示：「你以前主要從事勞動工作對嗎？而且你曾是公保會的一員，也去過中國大陸，是嗎？」為什麼福爾摩斯連這個都知道？因為他發現對方的右手臂比較發達，上面還別著公保會的部長章，身上也有著中國特有的刺青。**

各位讀者在面對福爾摩沙的推理時，可能只是單純地認為他十分厲害，但其實我也能夠做出和福爾摩沙一樣的推理。

「什麼？這是真的嗎？」你應該十分存疑吧！但這是千真萬確的事實，而且這個能力除了我之外，只要各位將本書看到最後，相信你們也能變得跟福爾摩斯一樣，能夠在短時間內看穿一個人，甚至可以一針見血地說出對方的個性與行事風格。

比方說，與初次見面的人只要交談短短一分鐘，大概就能做出以下推論——「這個人十分渴望飛黃騰達，是個好強的人，容易不小心得罪別人；再更深入剖析的話，通常有離婚的經驗，或者當下的婚姻並不幸福。」

為什麼能夠知道這些細節呢？只要注意對方抽菸方式即可。假設在交談時，對方正抽著菸，觀察菸屁股大概可窺知一二。將菸抽到十分接近濾嘴的人，必定是屬個性較急的類型。

就心理學的範疇來剖析此類型的人，可知道他們通常是急於出人頭地、想擁有自己的一片天、較具攻擊性、好強、負面想法較多、容易得心病、婚後也不容易感到滿足等，能以這樣的心理學知識做推理。

從日常對話能完全看穿對方，而你的讀心教科書就是這本！

---

* 編註：出自《血字的研究》（*A Study in Scarlet*）。

** 編註：出自《紅髮會》（*The Red-Headed League*）。

福爾摩斯為了做出正確推理，他認為必須先增廣自己的相關知識。因此，福爾摩斯擁有許多豐富的化學知識（自己也曾做過實驗），也研究古文書、古代康瓦爾語（Kernowek）及英國初期的專利證書、香菸菸灰的鑑識、用石膏保存足跡、各種職業對手部造成的影響、人類耳朵的分析等等，深入探討這些知識。正因為他博學多聞，才能做出許多正確的推理。

各位讀者並不是以成為偵探為目標，不須取得這麼多知識，本書將為大家介紹以「心理學」的角度來判斷他人的方法。只要儲備足夠的心理學知識，一樣能夠讀取人心。

「想知道所有見過面的人屬於哪種類型！」、「想了解對方在想什麼！」有著以上想法的你，請務必將這本書讀到最後。

第 *1* 章

掌握「人性弱點」和「時機」，再頑強心防都能瓦解

「本該留意的地方，你卻忽略了，因此錯過重要之處。」

——《身份謎案》（*A Case Of Identity*）

01 如何察覺對方「內心變化」？

宮崎駿的動畫電影「風之谷的娜烏西卡」當中的女主角「娜烏西卡」身為風之子的關係，能夠感受到一般人無法感受的氣流和風，娜烏西卡擁有這種超乎常人的能力。

心理學家也是相同的，能夠發現別人無法察覺的事情，甚至能找出幾乎完全被忽略的任何一絲線索——這個線索可能是對方的**聲音變化**、**瞬間表情**、**無意間做出的動作**等等，正因為他們能察覺這些微小部分，才能夠讀取對方的心。

優秀的醫生在看X光片時，能夠看出一般人「看不見」的疾病徵兆。在其他人看來只是黑白照片，但醫生卻能「看出」其中的端倪，這是因為他們平常便**訓練自己「能夠察覺」每一個細節**。

那該怎麼做才能訓練自己擁有敏銳的觀察力，可以「看見」一般人「無法察覺」的地方呢？為達此目標，首先你必須不斷地對「人」產生興趣，因為當你對人失去興趣，恐怕連明顯的線索也無法看見。

「他是怎樣的人呢？」、「這個人通常是在什麼樣的考量之下展開行動？」當你對別人產生興趣之後，就能順利地接收到對方所發出的每一個訊號。在一般人眼裡毫不起眼的細節，再也逃不過你的法眼。也就是說，此時的你已經能夠看見別人「無法察覺」的細節了。

福爾摩斯為什麼能成為大偵探？因為他對每件事皆充滿了高度興趣，所以能做出合理且正確的推理。對了，他的助理華生醫生有時候「無法看見」福爾摩斯「能察覺」的部分——因為每個人只對自己感興趣的東西產生敏銳觀察力，倘若對任何人皆不感興趣，是無法看見任何細節的。

美國東北大學（Northeastern University）的道納・福格特（Vogt, D. S.），以一〇二位大學生為對象，進行讀心術實驗後，調查什麼樣的人比較能夠讀取別人心裡的想法。

最後得知「總是開心地與人來往」、「較喜歡和人交談」……等「對人比較感興趣」的個性特質，比較能夠看穿別人的性格。

的人際關係太過於煩人了」、「與人來往好麻煩」、「如果可以的話，我根本不想跟別人說話」、「職場的人際關係太過於煩人了」，假如心中充滿以上想法，將成為一個「無法讀取明顯情報」之人。想成功讀取對方的內心、個性特質或行動模式，首先必須對與人之間的相處產生興趣。

倘若能夠對於每個邂逅的人皆產生興趣，你將察覺許多一般人容易忽略的變化或線索。

02 善用「出醜效應」，降低他人戒心

一個百分百完美，彷彿像超人一樣無懈可擊的人，我們通常是無法對他敞開心房的——當我們面對一個長得美若天仙，或者過於優秀的人時，大家的反應都是這樣。因為如此完美之人身上完全找不到一絲親切感，讓人總是懼怕而不敢上前攀談。就這一點來看，**反而對方有小缺點時，我們比較不容易緊張，會想與他交談，甚至想與對方成為朋友。**

也就是說，「有點脫線」或「神經有些大條的個性特質」……等等，這種有著小缺點的人，反而在許多地方是占上風的。

身為評論家的竹村健一先生，將自己在自家電視節目上與當時為澳洲副總理「安東尼」見面的過程，寫在了自己的作品《請跟討厭的人當朋友》（嫌な奴とつき合いなさい）。聽說他們見面時，剛好竹村先生的褲子拉鏈忘了拉，結果讓安東尼當場哄然大笑。因為這麼一個意外的小插曲，竹村先生和安東尼**雖是初次**

見面，卻很快地破冰，兩個人有了一次十分愉快且真誠的對談。

「不讓對方緊張」才是讓他人說出真心話的關鍵，而這時有一個小小的「差錯」或「失敗」反倒是好的。若你是一個神經大條的人，大家通常能以寬大的態度面對你，也較能知無不言，將真心話攤在你面前。

年輕時的織田信長經常在大家面前表現出一副呆呆的模樣，藉此聽到了許多織田家裡人的真心話。他一邊表現「呆呆樣子」的同時，一邊判斷哪個家臣能夠信任，哪些無法信任，同時更能冷靜地判斷誰是自己的同盟，誰將是敵人。

一個神經大條的人非但不會讓對方產生戒心，反而容易博得好感。約翰．甘迺迪於一九六一年四月在豬玀灣命令進攻古巴（豬玀灣事件，Bay of Pigs Invasion），而這場戰役最後是一敗塗地。但是，在那之後進行的民調卻發現甘迺迪的人氣竟比之前高漲。

整起事件看起來有點令人不解，但仔細想想，在這次失敗任務之前，甘迺迪是大家心目中的超級英雄，又是有錢人家的少爺、外表帥氣，同時還是運動健將，是一位優秀的人物，但意外地因為這次豬玀灣事件的失敗，反而讓他得到了

「返回人間」的良好評價，這在心理學被稱為「出醜效應」（Pratfall Effect），或稱「仰巴腳效應」。

一個精明的人**偶爾有些小缺點，反而更討人喜歡**。小缺點能夠舒緩對方的緊張，給予別人好感，同時也容易聽到真心話。

一位西裝筆挺的精英份子，和一個穿衣隨意的人相比，後者反而較能讓人感到安心，同時也有助於自己解讀對方的想法。

03 酒後吐真言！讓對方喝醉自己不醉的訣竅

若是當下氛圍瀰漫著一股低氣壓，會讓人無法說出真心話。因此，如何將氣氛變得輕鬆，才是讀心術的基本要領。

能夠探尋出顧客真心話的高明經營顧問，以及生意興隆的占卜師或諮詢家，他們化解凝重氣氛的功力自然不在話下。

日文裡面有「脫下武士服」、「切腹」等諺語，這是因為以前的時代，一定要走到如此絕境，對方才會透露自己的真實感受。而到底該怎麼做才能讓對方脫下武士服，卸下心防呢？其實有一個更簡單的方法——「一起喝酒」。當然啦，假如自己也真的喝醉了，恐怕觀察力、判斷力、推理力都將一落千丈，因此倘若情況允許，只要讓對方喝醉即可。

紐約州立大學（State University of New York）凱薩琳・帕克斯（Parks, K. A.）發現，當一個人喝醉時，話不但變多了，音調也會拉高，對別人的接受度更會提高。帕克斯再深入地針對喝醉的程度做了研究，發現喝得越醉，越能進入如此狀態。由此可知，當一個人處於微醺狀態時，雖然就能聽到他的內心話，不過為了能夠有效地觀察，請盡量讓對方喝醉一點吧！

然而，有一點比較困難的是，你的酒量必須跟對方差不多。假如你只能喝兩杯，但對方卻能喝上十杯，就無法達到原本的目的了。

那該怎麼做才能讓自己不要喝太多，卻能讓對方一杯接著一杯喝下去呢？這個技巧就是「裝醉」。只要一開始跟對方說：「我大概一、兩杯就差不多囉～便有飄飄然的感覺了。」不經意地在談話裡加入這樣的「提醒」，對方比較不會起疑心。

接著，大概兩杯黃湯下肚之後，一邊開始假裝自己「醉了」，一邊不斷地灌對方喝酒。當對方看到自己喝醉的模樣，相信也能繼續安心地喝下去。

面對酒量好的對手時，假如真的無法避免要喝下等量的酒，可以藉故在上廁所時，事先偷偷地告訴店員：「等一下我會點一杯琴通寧（Gin Tonic），但麻煩你全部都幫我放通寧水（Tonic Water）。」如此一來，自己就能避免必須喝很多酒的窘境了。

原本就苦於人際關係的國人，有許多人只有在喝醉時才能解放自己的心靈、敞開心胸。因此，最近雖然企業的飲酒聚會次數減少了，但為了工作的喝酒應酬仍然存在。

或許要花點錢，但「一起喝酒」絕對是一個能增進感情、彼此了解的好方法。「一起喝一杯吧！」請大家積極地邀約對方！

04 「綽號」有魔力，拓展人脈的利器

當你希望推倒與某人之間的高牆時，互相取綽號也不失為一個良策。

《釣魚笨蛋日記》（釣りバカ日誌）這個連載漫畫裡的濱崎和鈴木社長為什麼感情總是如此融洽？就是因為他們互相以綽號「小濱」和「鈴～～」稱呼對方。即使兩人在職場上的關係為社長和員工，但他們之所以與對方成為朋友並坦誠相待，全是互喊綽號的功勞，因為親密的綽號讓他們可以維持不緊繃的關係。

有部名為「向太陽怒吼」（太陽にほえろ！）的警察連續劇，雖然年代有點久遠了，但不得不提及劇中很好的例子——每一位刑事警察都有著自己獨特的綽號，像是「殿下」、「通心粉」、「牛仔褲」、「阿碰」、「史考奇」、「洛基」、「麥可」等等。大概也是因為這樣，大家總是能知無不言，毫無秘密。

曾任加拿大總理的穆爾羅尼（Martin Brian Mulroney），聽說他曾經在加拿大多倫多舉辦的高峰會上，一開始就向各國元首表示：「各位～我們要不要以綽

號來稱呼對方呢？」如此提議在這麼嚴肅的高峰會上是十分突兀的，但聽說也因為如此而讓整個會議氣氛在開始時便緩和許多。

可以試著向對方提議：「我們年齡相仿，要不要互相以綽號來稱呼呢？」或者試探對方：「○○先生，您較好的朋友都怎麼稱呼您呢？」

「朋友都叫我○△」假如得到了這樣的答案，你可以立刻跟對方表示：「恩～那我也可以稱呼您○△嗎？」只要遵照這樣的方式大概就沒問題了。

阿拉斯加大學（University of Alaska）克里斯・克萊恩科（Kleinke, C. L.）指出——擅於建立友好關係的人，在談話中大部分都以名字來稱呼對方，而不善於與別人打好關係之人幾乎不這麼做，所以無法與他人建立較深的關係。

在商業場合裡，可能較難以「綽號」稱呼對方，但也不要只以「先生」、「小姐」來稱呼，盡量加入名字會比較好，例如「內藤小姐」。如此一來，雙方關係會較為融洽。書寫電子郵件時也是相同的道理，避免總是以「平常謝謝您的照顧」開頭，而改成「小島先生！謝謝您平時的照顧！」盡量將對方的名字也寫進去，可為彼此關係加分不少！

05 可靠情報總在「廁所」流轉

當一個人放鬆，失去戒心的時候，通常就能說出真心話。

在日常生活中，何時最放鬆呢？答案是「在廁所」的時候。與其說「廁所」是解決生理需求的地方，不如說是個「讓人放鬆的休憩空間」，尤其對女生來說更是如此。

因此，廁所是一個最適合蒐集情報的場所。有一位經營者很早便發現了這個事實，這個人就是以理光（Ricoh）為核心而組成「理光三愛集團」的創始者「市村清」先生。

市村先生以「人煙較少的地方反而有世外桃源」為座右銘，是一個充滿創意的社長，而他也利用「廁所」這個地方蒐集了許多有用的情報。

某日，當市村先生一進到位於日本東京銀座的百貨公司廁所，就聽到隔壁的女生廁所傳來對話。而當他豎起耳朵仔細聆聽之後，發現她們談話內容十分地直白。市村先生這才恍然大悟：「原來女性朋友們常在廁所裡互吐心事啊！」為了探究更多女性的心裡想法，他僱用了許多市場調查員，同時派遣他們到街上的商業大樓及百貨公司，而前往的地方當然是「廁所」，請調查員們詳細地記錄廁所裡聽到的對話。

紐約市立大學布魯克林學院（Brooklyn College）心理學家蜜雪兒・貝里（Baillie, M. A.）在大學圖書館測量男學生和女學生進去廁所到出來的時間後發現，女學生待在廁所的時間約為男生的兩倍。

對男生來說，廁所只是一個解放生理需求的地方，但對女生而言，在廁所能和其他女生們盡情聊天，藉由聊天來排解壓力。

當人排泄完，徹底解放之後，整個人也神清氣爽了。只要適時掌握時機與其攀談，能讓對方不知不覺吐露出真正的心聲。

在會議結束後，跟同事一起去廁所並在裡頭聊聊也是個不錯的選擇，或許能聽到意想不到的情報。

我在舉行演講或講座之前也會積極地在廁所蒐集相關情報——因為演講時參

與者處於緊張情緒，就算演講者開口詢問：「有沒有問題？」恐怕也不會有人舉手發問。但是演講一結束，當我走到廁所，和與會之人輕談幾句時，通常都能聽到「剛才不太懂老師說的這句話」、「那段話非常有趣，讓我獲益良多」等真心話。

06 「聽與說」黃金比例，巧妙引出真心話

善於引出對方真心話的人，通常也是個「談話回應高手」。一個善於聆聽的人，不會自顧自地說些自己想說的話。他們懂得認真地傾聽，在對方說話時也會適時地發出「嗯嗯」、「原來如此」、「我懂我懂」來回應，同時能抓準時機告訴對方：「的確，這樣子真的蠻辛苦的！」藉此表達自己的想法。

只要不在對方說話時打斷他，對方就能暢所欲言。其實不需要高深的技巧引導他人說出真心話，只要誠心地適時以點頭等方式回應，就能從對方口中獲得許多情報。

想學會讀心術，至少必須懂得真心傾聽的工夫。比方說，常常把以下話語掛在嘴邊的人，絕對不可能聽到對方的真心話——

「你說你很忙？我比你更忙啊！」

「通常都應該這樣做吧！」

「好！好！」

「不要只出一張嘴，要動起來啊！」

「很辛苦？大家都很辛苦啊！」

假如自己從頂頭上司的嘴裡聽到這些話，原本想訴苦的人應該也會立刻把話吞回去吧！

一個懂得傾聽的人，絕對不會冒出以上的話語。**只要對方開始說話，能立刻安靜地看著他的眼睛**，並適時給予回應，對方就會滔滔不絕地說下去，漸漸地便能聽到對方的真心話。

美國馬里蘭大學（University of Maryland）的愛倫・席克曼博士（Aron Siegman）指出，當我們適時在傾聽之時給予回應，能夠帶給對方溫暖的感覺，讓他感到被認可、接受，對方也會因此自然地說出許多我們原本未開口詢問的內容。

席克曼博士以大學生為對象，進行了家庭與學校生活的訪談實驗，發現他在訪談中的回應次數影響了學生們的發言內容與發言量。

當我們與人談話時，傾聽與說話的黃金比例為「八：二」。傾聽的一方最多只要說兩成的話即可，像是黑柳徹子或TAMORI*這些知名的主持人，看似總是在說話，但其實他們只說了兩～三成，剩餘的七、八成時間皆交給來賓發言，自己只是在一旁適時給予回應。

我們一直強調「必須適時給予回應」，但如果無法真誠地傾聽，恐怕也無法做出適當回話——假如認為「對方說話真無聊」，非但不能適時地回應，恐怕也會造成對方不愉快。

當我們傾聽別人說話時，請以真誠相待、認真聆聽，倘若不能做到這點，就無法誠心地給予對方最恰當回應，反而弄巧成拙。

＊編註：日本搞笑藝人，本名森田一義。

07 與對方情緒同步的「反射話術」

有一種話術，只要將對方說的內容原封不動地重複即可，這種方式稱為「反射法」，如同讓對方的姿態反射在鏡面。

「昨天被主管叫去了。」

「喔～被主管叫去了。」

「你最近很努力喔！主管竟然這樣誇了我！」

「哇！被誇獎了耶！」

如上所述，**只要掌握對方話中的關鍵字，以回應的方式重複一次，就可以讓對方心情頓時亮起，這即是一種「反射技巧」**。

加拿大安大略省（Ontario）西安大略大學（University of Western Ontario）的潘美樂・海倫（Highlen, P. S.）請四十名女大學生參加三十分鐘的心理諮詢實驗。

諮詢師在傾聽某人說話時使用反射話術，但對其他人則未用此話術。結果，在使用反射話術的條件下，女大學生吐露了許多自己真實的情感。

當我們以反射話術與對方交談時，對方的喜悅程度會不斷上升，因此就能滔滔不絕地暢所欲言。

以反射話術溝通時，必須懂得如何截取對方的關鍵字。重點不在於重複對方發言中的字句，而是**掌握並複述關乎「情緒」的話語**，「情緒」才是最重要的。

但是，有時對方的談話中可能沒有出現關於「情緒」的字眼，這時候建議大家盡可能從對方表情掌握情緒，並重複該句話語，達到反射話術的效果。

「差不多又快到部門調動的時期了。」

「這個時期又將到來了。」

以上的例子並不是一個良好的反射話術。的確，他掌握了對方的關鍵情緒話語，但也只是照字面將話說出而已。如果是一次良好的反射話術，應該會是以下的對話：

「差不多又快到部門調動的時期了。」

「你一定感到『不安』，是嗎？」

直接看穿對方的「不安」並將其說出，這就是一種能善用同理心的良好反射語句。

根據美國賓州大學（University of Pennsylvania）羅勃特・埃爾利希（Ehrlich, R. P.）的實驗指出，單純只就發言內容進行反射話術，和針對「情緒」做反射話術相比，後者可讓對方多發言二七％（單字量）。

總之，當我們運用反射話術時，請盡可能地掌握對方的情緒！

08 「視線接觸」看時機，緊盯不放壓力大

為了習得讀心術，仔細觀察對方的動作是絕對不能缺少的一環。

話雖如此，目不轉睛地盯著對方看也不妥——因為當我們緊盯一個人時，可能會讓對方情緒出現變化。

過度凝視會導致對方緊張——或許當時對方並不是因為想說謊才緊張，而是自己一直被盯著才會如此。為了不讓眼神放出不必要的訊號，只在適當時機給予對方注目的眼神也是關鍵之一。

在地震或颱風等天災過後，電視上總會出現在災民收容所裡，人們席地而睡時，以紙箱隔開災民的畫面。

為什麼收容所裡會以紙箱將災民隔開呢？因為別人的眼神通常是壓力來源。被他人盯著看，心情自然無法穩定下來，壓力便會上升。因此，無論如何都必須用紙箱隔起私人空間。

美國史丹佛大學曾有三位研究人員做了非常有趣的實驗。實驗者騎著機車，在距離紅綠燈約一．五公尺的地方，一直盯著等待紅燈的車輛駕駛。

一直被盯著看的駕駛會有什麼反應呢？**幾乎所有駕駛在發現自己被盯著看時顯得不安，紛紛將視線轉移，開始摸衣服、假裝調音響、稍微加踩油門，或者看了紅綠燈數次。**

駕駛的不安程度越來越高漲，在紅燈轉為綠燈的時候，不論駕駛為男性或女性，號誌一變化便立刻踩了油門出去。而且聽說啟動車子的時間比平時快了〇．二秒，表示他們「想盡快逃離現場」。

雖然想學習讀心術，但如果因此一直盯著對方看，對方如同被盯著看的駕駛一樣，想早點逃離現場。所以，與對方目光相接的時機也是十分重要，過與不及皆不好。

基本上，**對方開始說話時，可以看著他的表情，但對方未發言時，建議盡量將視線轉移至別處。**

對方發言時，若是將視線移開，可能導致他產生不舒服的感覺。然而，當對方停止說話時，所有的表情觀察行動應立刻停止。

不過這裡提及的**「轉移視線」指的只是將視線從對方的臉上移到別處而已，**取而代之的是觀察他的手或腳。就算無法從表情讀取訊息，也能從手腳的動作等其他地方蒐集到一些情報。

09 剖析性格的「相貌心理學」

「從臉的五官可判斷一個人的個性喔！」當我這麼說時，大家可能會猜測：接下來是否要開始一場奇怪的人相占卜？不過，我可以告訴各位，從一個人的五官讀取個性特質這件事的確是能辦到的。

四種臉型看出性格

研究五官與個性之關聯的學問稱為「相貌心理學」（Morphopsychologie）。雖然不是主流心理學，但相關研究在法國卻十分興盛，甚至有專門的檢定考試。這次我們將從路易士・柯爾曼（Louis Corman）的《面貌與性格的關聯》（*Visages et caractères*）來為大家介紹易學的相貌讀心術。

首先，請觀察對方的臉型是較有肉還是骨感型。臉頰比較豐腴的為「膨漲型」；較骨感，甚至臉頰微微內凹的是「內縮型」。

臉頰較無肉，但像運動選手臉型較小、較骨感的為「緊張型」；相反地，臉型較長，看起來臉皮較鬆弛的稱為「無力型」，我想這樣的分類應該淺顯易懂吧！

然而，柯爾曼如何解析這四種臉型的性格特質呢？

首先，我們來談談「膨漲型」。臉頰較有肉的人，基本上是比較遲鈍的人。不論痛楚或寒冷、酷暑等，當事人都不會有強烈的感受，因為他們不太受環境變化的影響，就連失戀的時候也

四種臉型的性格特質

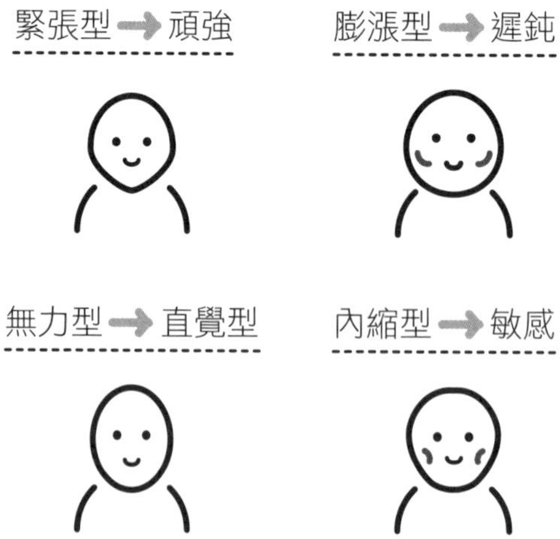

能很快忘懷，不太會一直煩惱。

柯爾曼指出，內縮型的人比較敏感。這樣的人只要一點點的身體接觸，就會出現過度防衛反應。

膨漲型的人，即使在一間布滿廁所惡臭的房間也能忍耐（因為較遲鈍）；但較敏感的內縮型則完全無法忍受，他們很愛乾淨、有潔癖。

有趣的是，根據柯爾曼的說法，膨漲型的人，就連打針時也能忍耐，幾乎讓人以為他完全感受不到痛楚，但內縮型卻十分害怕打針。

臉部看起來較骨感的緊張型，活動力十足，永遠都有著過剩的能量，因此這類型的人十分適合當運動員。緊張型的人就算前有難關，也會設法突破障礙，不太會感覺到累，韌性十足。

無力型與緊張型恰好相反，較缺乏能量，這一點從看起來較鬆弛的臉型就能判斷。這類型的人想像力豐富，與其動身體，比較喜歡在腦中天馬行空地亂想，決定某事時大多仰賴直覺。

在相貌心理學中，甚至詳細記載如何從眉毛、眼睛、嘴巴、鼻子等特徵觀察一個人的個性特質，有興趣的讀者可以看看柯爾曼的著作。

不被既定說法誤導

另外，世間有些俗語，當然有的十分有道理，但也有許多古代流傳下來的說法為謬論，毫無根據。因此，不要因為世間廣為流傳就輕易認定是正確的，可能會造成你在執行讀心術時做出錯誤判斷。

比方說「額頭較寬的人比較聰明」，這說法的起源應是古人認為「額頭寬表示腦容量也大，因此頭腦比較聰明」，才開始有這句話吧！但是，這完全是胡說八道。美國布蘭迪斯大學（Brandeis University）的學者萊斯利・澤布維茲（Leslie Zebrowitz）針對較聰明的工學部學生做了調查，發現事實與此說法相違，**較聰明的學生反而「額頭比較窄」**。

此外，根據澤布維茲的說法：儘管眼睛較大的人給人感覺比較「誠實」確有其事，然而讓眼睛大的人接受性格測驗之後，反而發現他們其實特別「會說謊」。

我們看到炯炯有神的大眼睛人物時，不知不覺就會相信對方的話，這一點著實危險。

澤布維茲指出，**大眼睛的人為了讓自己看起來比較老實，通常都會學習如何在說謊時不被發現**。所以，即使他們小時候為老實人，但隨著年齡的增長，最後也十分容易成為愛說謊的人。

以往經驗告訴大眼睛的人：「反正我們說謊也沒關係。」由於大眼睛的人容易得到他人信任，他們了解到就算撒謊也不會造成什麼嚴重後果，透過這些經驗讓他們更放心地說謊了。

我早已知道澤布維茲的論點，因此我只要一遇到大眼睛美女，第一步會先保護自己不受騙上當。看著充滿魅力的雙眼，不知不覺就會相信對方，請務必自制。

第 2 章

從「聲音語調」和「行為暗示」精準看穿他人

「尚未掌握所有證據之前妄下定論，你將做出錯誤判斷。」

——《血字的研究》（*A Study in Scarlet*）

01 「聲音語氣」易洩底，性格情緒難掩藏

中東以色列巴伊蘭大學（Bar-Ilan University）的理奧・伽理（Galili, L.）請九十五位大學生朗讀三篇文章，並錄下他們的聲音，從中檢測內心的不安感強度。

結果發現容易感到不安的人，他們共同的聲音特徵。

首先，易感到不安的人聲音通常較虛弱，這種情形多見於男性身上。據實驗指出，此類型的男性就算他們想發出強而有力的聲音，也會因為不安而無法順利做到。因此，他們不僅平常說話聲音較微弱，只是與人打招呼也難以傳達到對方耳裡，更不太懂得如何對部屬下指令。

伽理更針對每個人做了一個實驗，測驗他們在一秒鐘內能說完的單字數後發現：**越容易感到不安的人，越無法完整說出較多的單字。也就是說，這類型的人通常說話速度是比較慢的。**

說話時總是喜歡拉長尾音，或者說話聲音聽起來上氣不接下氣的人，也被列為不安一族。相反地，說話較明快、中氣十足之人，因為不會讓自己心裡藏著委屈，自然也就比較不會感到不安。

容易感到不安的人，說話時會吞吞吐吐，也常講錯話、說話停頓時間過長等，這些都是明顯的症狀。「嗯～這個嘛……首先，我們先來看A表格～啊，不不不……請先看B表格。」說話時出現以上現象，即為不安一族。

說話方式及聲音可反映出一個人的個性及人格特質，因此只要觀察此部分，就能大概解讀出他的個性特質。

有句話說：「聲音可以改變個性」，只要平常開始執行發聲訓練，不但能使你說話有氣勢，同時能讓性格轉為開朗，變得積極、正向。

哪怕只是假裝自己元氣十足也好，只要能夠發出氣勢十足的聲音，就能幫內心注入一股活力。

如果常常小聲地、不清不楚地說話，只會讓心情越來越低落，因此建議大家平常可以盡量鼓足氣勢地說話。

「鏗鏘有力的聲音，不會讓周遭的人感到十分嘈雜嗎？」假如真的能讓身旁的人產生以上感覺，就表示你進步了！當你能夠氣勢十足地說話，個性也能日漸開朗。

02 說話隱瞞？「眼神＋頭部擺動」能拆穿

心靈感應者所執行的測試內容當中，有一項名為「聲音感測」的活動，旨在聆聽對方聲音後，猜測當事人選中的物品。

先在桌上放置一排物品，並讓受測者在心中默選一項，接著心靈感應者逐一對著物品投問：「是這個嗎？」因為受測者必須全部回答「不是」，所以心靈感應者能夠在聆聽受測者答案的過程，透過聲音準確猜中受測者所選的物品為何。

然而，這種「聲音感測」雖然有著「聲音」兩字，但其實心靈感應者壓根未把注意力放在聲音上，他們**觀察的其實是受測者的「視線」**。

心靈感應者逐一詢問「是這個嗎？」的時候，同時緊盯著對方的眼睛。而當心靈感應者挑中受測者所選的東西並且這樣詢問時，為了不讓別人察覺，受測者通常會故意移開視線。

當人們「不想被看穿自己所選的物品為何」，或者內心有著「不是這個啦，趕快問別的東西！」的想法時，人們會將視線移開。因此，一但發現對方有這種表情轉變時，表示該項物品是正確答案。

倘若受測者是非常誠實之人，執行「聲音感測」將更為簡單。

當心靈感應者詢問：「是這個嗎？」老實之人回答「不是」的同時，**會微微地上下移動頭部，或者不自覺地左右擺動頭部，因為他們想試圖假裝告訴對方：「不是這個。」**只要能察覺以上訊號，任何人都能成功地完成「聲音感測」。

假設各位為服飾店店員，讓我們假裝觀察來店的客人。當客人停佇於某商品前方，手拿起該件衣服，雖然口中嚷嚷：「嗯～這好像有點貴耶！」假如客人的眼神發亮，並且不斷微微點頭，表示他打從心底想買該件商品。

「嗯～好貴喔！」光憑這一句話就立刻斷定客人「會因太貴而無購買欲望」，恐怕將錯失銷售的好機會。只要仔細觀察客人的動作與表情，就能正確地看穿他的真正想法。這時只要再加強宣導產品的優點，客人可能會購買該商品了。

根據加州大學心理學教授霍華德・佛里德曼（Howard Friedman）指出，人們內心六五％～九五％的真正想法，不完全透過語言，而是經由行為舉止或表情傳達的。

因此，不能光聽對方的話，必須仔細觀察他的一舉一動及表情，藉此讀取人們內心的真正想法。

03 坐姿雙腳怎麼擺，一眼看出內心不安

與人對話時，有些人坐下會雙腳張開，有的人則是雙腳緊閉地坐著，其實從坐姿也可以看出一個人的個性，像是張開雙腳坐的人通常充滿自信。

美國聯邦執法部門身體語言辨識權威珍妮・柴佛（Janine Driver）指出，一個人之所以張開雙腳坐著，是因為他想藉由展現自己最脆弱的部分（鼠蹊部），虛張聲勢地告訴對方：「我沒什麼好懼怕的！」也就是說，這類型的人自信旺盛，他藉由張開雙腳的動作向外發出訊號。

的確，較缺乏自信的人想要保護（遮掩）自己較脆弱的部分，才會在坐著時緊閉雙腳，因為當我們能守護住人體脆弱的鼠蹊部時，就能給予自己安全感。

有趣的是，平常看起來總是抬頭挺胸，似乎充滿自信的人，當他們感到不安，也可能在坐著時突然將雙腳合併。

就一項在牙醫診所做的調查可知，在一五〇位男性當中，有一二八人皆在看

診時緊閉雙腳，而且有些患者甚至在候診室等候時雙腳重疊擺放，**他們似乎是想藉由保護局部弱點的防衛性動作，消除內心的不安。**

不論誰坐在看診椅上，一聽到磨牙聲時，就算是一個平常超MEN的男人，也可能像一隻迷途知返的小貓，變得乖巧又認份，而緊閉雙腳也是因為他們極度不安所致。

對了，在候診室坐著時會張開雙腳的二十二名男性，都是經常上門求助於醫生，並且熟知治療過程並不會過於痛苦的患者。由於他們不會感到不安，因此就沒有必要緊閉雙腿。

端看一個人坐著時是否張開雙腿，就能一眼看穿對方的不安。

在一個演講會或派對裡，我能立刻看穿哪些人是獨自來參加，因為他們大部分的坐姿皆為緊閉雙腳，而能夠張開雙腿大方坐著的人，若非自信十足，就是已經十分習慣這樣的場合了。

處於周遭皆無熟人的環境下，難免感到不安，因此自然就會以防衛性的坐姿面對大家。

對了，當小寶寶在深夜裡一直哭泣，父母束手無策時，可以撫摸他們的下腹部及鼠蹊部，小寶寶應該能立刻停止哭泣。**只要給予重要部位一些柔軟的刺激，人們就能冷靜下來。**

這麼說來，希特勒在站著的時候，經常將手放在鼠蹊部前方。由此可看出希特勒表面上雖為十分強勢的領導者，但他的潛在意識中卻有一顆極度不安的心。

04 雙腳開合變化，攻擊防衛的預告

有些人起初雙腳緊閉，但當他開始微微張開雙腳時，表示他心中已興起敵對情緒。

當我們感到情緒不佳的時候，或多或少會產生一股想要鞏固「勢力範圍」的心態，因此很多人才會將雙腳張開。即使原本坐著時雙腳緊閉，但當討論的議題越來越白熱化，人們便會習慣性地張開雙腳——**張開腳的動作也是一種「防守姿態」**。張腳的同時，**隱約地在告誡對方：「你再這樣一直抱怨，小心我開始反駁你。」**

有時我們一坐上電車，看到空位正想一屁股坐下，突然發現鄰座的人迅速張開雙腳，或許這代表他不喜歡旁邊坐著別人，想藉由擴大「勢力範圍」的方法，向欲坐下之人傳達敵意。

大家普遍有一種迷思，認為如果是性格溫和的人，鄰座有人欲坐下時，應

該會併攏雙腳。然而事實卻相反，有些人反而會在此時張開雙腳。由此動作可知，**這類型的人容易對別人產生敵意，或者抗壓性較低**。

許多動物遇到外來生物侵犯自己的勢力範圍時，通常會採取攻擊姿態來捍衛自身領土。人類其實也相同，突然有人向自己靠近，同樣會潛意識地張開雙腳，採取攻擊姿態。

在和別人聊天的過程中，越來越焦慮的人，也會逐漸張開雙腳。當發現對方出現如此反應，建議最好盡快提早結束當下的討論或爭論。

此外，雙腳併攏時，做出敲打地板的動作，也是一種代表對方情緒不佳的訊號，如同猛牛或山豬在攻擊之前，以前腳踢向地面。

如此威嚇式動作，像是正在告訴對方：「我現在要朝你攻擊了！」以腳尖不斷敲打地面的人，表示他內心一定有不愉快的感覺。

不過，說來有點複雜，以腳尖不斷「敲打」地面的動作，有時也是一種心情良好的表徵。同樣一個動作，卻可能表現出內心截然不同的情緒。

如何區分呢？**當人十分粗魯地以腳尖敲打地面時，表示他情緒不佳，但假如**

是開心且輕快地以腳尖敲打地板，則代表心情不錯。

不過，你必須先觀察的地方不只有腳尖，如果能同時注意一個人的表情，相信就能做出正確的判斷，了解對方當下的心情極佳或極差。

05 頻頻「交叉換腿」，內心不耐煩徵兆

「啊，這次的聚餐好無聊啊……已經想回家了……。」

「這種沒結論的會議到底要開到什麼時候？我已經開始失去耐心了！」

「這個推銷員還真是說不累啊，可以趕快停止嗎？我想回家了……。」

像以上這種已感到無聊、無趣的人，都會固定出現同一種動作——就是「**將腳尖對著出口**」。為了不失禮，雖然他們隱藏了內心真正「想回家」的怒吼，但腳尖卻已在不知不覺中轉到出口的方向。

這是由喬－艾倫・迪米特里斯（Jo Ellan Dimitrius）於《給人最好的印象》（*Put Your Best Foot Forward*）一書中所提及，如何看穿一個人是否正感到無聊的方法。

感到無聊時，「想回家」的想法是無法壓抑的，雖然這是一種極微小的動

作，但對方絕對會開始採取回家的準備。除了注意腳尖方向之外，以下介紹幾種會出現的動作。

比方說，**開始用腳尖敲打地板，也是在告訴大家：「我想趕快走，離開這個現場。」**他只是將自己內心的真正想法以肢體動作表達出來罷了。

此外，頻繁地「換腿」翹腳，或者不停地動著臀部也是一種想回家的訊號。隱約地告訴大家：「我想立刻站起來朝出口走去。」他內心真正的想法已經完全化為行動了。開始整理文件，或者將眼前咖啡一飲而盡的動作也是相同心態，表示著：「差不多該結束話題了。」

除了感到無聊時會出現以上動作，當一個人覺得「眼前的對象很礙眼（討厭）」，也會有同樣反應。

不管當人感到無聊或是與討厭的人處在一起時，心中「想回家」的意念皆是相同的。腳尖朝著出口，頻繁地「換腿」翹腳等，都表示他對眼前的人感到厭惡。

各位與別人洽談事務，或者私下與異性約會，當你發現對方出現腳尖不斷敲打地面的動作，或者臀部動來動去、坐立不安時，奉勸你及早結束話題，讓對方回家，這也是一種善解人意的成熟做法。

對方一直傳送「我想回家」的訊息，但卻強留他，恐將摧毀自己在對方心目中的形象。

06 說話越自信，肢體動作也越大

有些人在與人談話的過程中，身體一動也不動，此種狀態反映出的內心情緒是什麼呢？

他們是缺乏自信的一群人，因為人在感到緊張的時候，身體會不自覺地僵硬不動。

舉例而言，當一個毫無經驗的新人前往面試，假如他對於面試場合很陌生，大概會將手放在大腿上，身體一動也不動地聆聽面試官說話。因此，從人的肢體動作便可知道對方是否處於緊張情緒。

此外，與地位高於自己的人在一起時，通常也比較安分，不敢輕舉妄動。而越緊張之人看起來越無元氣，原本一八〇公分的人，陷入緊張狀態時，可能看似只有一七〇公分高。

當貓、狗遇上強勁的對手，會縮起全身——拱起身體，趴在地上，讓身體看起來變小了，旁觀者都看得出來，牠們其實並無攻擊對方的打算。

人類亦相同，當我們緊張時，會盡可能縮起身體，採取不動的姿勢，本能性地希望設法躲過危險。因此，倘若過度緊張，潛意識會讓你成為稻草人，關於這一點，接下來會詳細說明。

一般來說，較缺乏自信的人，肢體動作會比較少。

根據美國哈佛大學達娜・康尼（Carney, D. R.）博士的研究指出，一個對自己較沒自信的人，和有自信的人相比，大概只有一半左右的人會在談話時加入肢體動作，而且只會微幅的動作。

有一次偶然間看到電視上正播著相親節目，發現不習慣與女性談話的男性，剛開始和女性觀眾說話時，幾乎身體是僵硬不動的，完全沒有做出任何動作，也無法和女性有視線上的交流，只是默默點頭。

有自信的人，肢體動作是比較大的。從一個人的肢體動作不僅能看出自信度，同時也可判斷是否為自戀者，因為**越自戀的人，肢體動作越大**。

只要對方一緊張，就無法與之談話，也不能對彼此有更進一步的了解。因此，當各位在與人談話時，一旦你發現對方出現了身體僵硬的情形，請先設法消除他的緊張感吧！先聊些輕鬆的話題，舒緩了他的緊張後，才能展開有意義的談話。

07 恐懼緊張的身體僵硬，大腦的防衛反應

不習慣在人前說話之人，往往有個共同特徵——他們的身體幾乎完全一動也不動。慣於在大家面前說話的人，通常能自然地做出一些手勢或肢體動作，而一個緊張的人是無法這樣做的。

在演講或簡報的訓練課程中，常見到講師一再地跟學員說：「請再多加一些動作，手勢最好一直不斷地變換。」但以心理學來說，這些事情是辦不到的。也就是說，這些講師在強人所難，強逼學員做不可能的事。

當自己的小孩在學校遭受霸凌，回到家後有些家長會氣急敗壞地跟孩子說：「你為什麼不打回去啊！」這些父母有所不知，因為他們的小孩根本辦不到啊！當我們感到緊張時，身體會自動進入無法動彈的狀態。因此，**人感到恐懼、威脅，就無法自由自在地活動身體**，這時根本談不上什麼「回敬對方」了。

遠古時代，人類祖先在猛獸當前時，一律採取動也不動的防衛方式，為什麼

呢？因為當他們移動身體、發出聲音後，就會立刻被猛獸察覺而殺掉。因此，當我們感到恐懼時，身體僵硬、保持不動的方式是能存活下來的上上策。

我們的大腦已經將祖先們習得的防衛反應記在身體內，並且繼承了他們的防衛技巧。因此，只要感受到某種威脅靠近，大腦便會立刻發出指令，喝斥身體：「不要動！在原地站著！」

觀看馬戲團表演時，只要老虎或獅子一登場，觀眾總是屏氣凝神，全身一動也不動地看著前方*，這個狀態就是最好的證明，表示我們成功繼承了祖先們的防衛技巧。

這樣的防衛智慧被深埋在人類心裡，成了本能反應。因此，當站在大庭廣眾前發表時，假如台下坐了一位面惡之人，也可能因為跟他視線交會而無法動彈身體。

此外，受到父母家暴的孩子，因為大腦邊緣系統（Limbic System）啟動的關

---

*編註：出自《FBI教你讀心術》（*What Every Body is Saying*）。

係，通常也會出現「一動也不動」的現象。只要老師一叫這些孩子的名字，受家暴的小孩就如同被冰凍，完全不敢動。

職業的選手身上也可看到一樣的反應，當他們參加國際大會、重要的比賽時，身體同樣會出現僵硬的現象。即使是拿過再多獎牌的專業選手，**依然會因為本能反應而無法隨心所欲地活動身體**。因為當人感到恐懼或威脅，就會有如此表現。

當我們被帶到陌生人家裡，或者到了一個不熟悉的餐廳，也會出現身體僵硬的反應，就算旁人再多的安慰，告訴你：「放鬆一點嘛！」恐怕也於事無補。

08 「伸手觸摸」是內心想擁有的潛意識

假設各位是保險業務員，在客戶面前擺出三種保險方案，這時候只要仔細觀察客戶的小動作就能看出他喜歡的方案。

當客戶心中有屬意的保險方案時，會不自覺地把手放在該方案旁邊，或者會用手輕輕地敲打該方案。

遇到屬意的目標時，客戶正以他的小動作，悄悄地告訴你：「就是這個了！決定買它吧！」即使客戶嘴上不說，但只要觀察他所觸摸的方案就能窺知一二。

然而，當客戶對於你建議的方案完全不感興趣，會有什麼反應呢？

這時客戶不會將目光放在任何方案上，大概連觸摸的動作也不會出現。當遇到喜歡的方案時，一般來說會將該方案拿在手上，因為在潛意識裡，客戶也想知道方案的詳細內容。

在威廉・馮特（Wilhelm Maximilian Wundt）《肢體語言的心理學》一書當中，

舉出了許多人們嘴巴不明說，但以肢體語言表現內心世界的真實例子。

人遇到喜歡的物品時，通常會不自覺地觸摸。買衣服時也會出現相同情形，我們一定會碰觸感興趣的商品，對於毫無興趣的商品完全不會有此動作，因為**「伸手觸摸」就是一種「想要」的表徵**。

根據馮特指出，幼兒通常皆喜歡保姆抱抱自己，當有此需求時，他們不會以「抱抱！」的言語表達，而是對著保姆伸出雙手，並且規律地上下擺動手臂。

人們經常「**不以口頭語言來表達，而用肢體語言呈現自己內心的欲望**」，因此我們不需要真正聽到對方將內心話說出口，只要透過肢體便能了解對方想法以及想要傳達的意思。

百貨公司的專櫃人員會進行一項「觀察肢體動作」的訓練，透過這個訓練教導他們在顧客連續觸摸同一種商品時，就要上前詢問對方：「是否有什麼需要我幫忙？」

貿然向一位完全不觸摸任何商品的客人詢問，便稱不上優秀店員。因為一個未伸手觸摸任何商品的顧客，表示他尚未對現場的東西產生興趣。在顧客沒有對任何物品感興趣的狀態下貿然搭話，對方會因為害怕被強迫推銷而想立刻逃離現場。

一位經驗老到的店員，懂得在顧客觸摸商品後才上前攀談，這時再與顧客互動實為上策。

09 破解對方謊言的「木偶鼻效應」

說謊的人總是習慣以手磨擦或撫摸鼻子，因為只要一說謊，鼻子就會開始變癢。

前美國總統柯林頓在被問及：「你與呂茵斯基有沒有發生性關係？」聽說面對記者如此提問，柯林頓前後總共二十六次，一邊摸鼻子，一邊回答記者的問題，但始終堅持「絕對沒有不可告人的關係」。事實上，最後柯林頓與白宮女實習生呂茵斯基的關係是被證實的。

義大利的作家卡洛・科洛迪（Carlo Collodi）寫了一個童話「木偶奇遇記」。每當小木偶說謊時，鼻子就會漸漸地變長，所有人都因此知道他說了謊。所以，小木偶決定依循自己的內心誠實地生活。

因應這個童話的出現，在心理學上便有「木偶鼻效應」（Pinocchio Effect），指的是當人說謊時，鼻子溫度會升高，因而開始發癢，就會有觸摸鼻子的下意識反應。在許多枯燥乏味的心理學用詞中，這是一個十分有趣討喜的用語。

根據一直以來研究木偶鼻效應的美國神經科醫生艾倫・赫希（Alan Hirsch）和精神科醫生查爾斯・沃夫指出，當我們想編織謊言時，身體會釋放某種賀爾蒙，讓鼻子周圍的血液循環變好，使得鼻子開始騷癢，而先前提到的柯林頓案例便是根據他們的研究所下之結論。

順帶一提，說謊的人除了鼻子之外，也會觸摸全身或有到處抓癢的動作。當然，他們同樣會怕事跡敗露而表現得緊張無比。

我們的身體只要一陷入緊張情緒，心跳將會加快，血液循環也會變快，體溫跟著上升。接著如同我們泡完溫泉後，整個身體會感到有些躁動，會想抓抓手心、臉頰、頭部等。

一個說謊者最先摸的是「鼻子」，但也會觸摸其他部位。了解「木偶鼻效應」的人，當在說謊時，大概會克制自己動手觸摸鼻子，但即使如此還是免不了會出現抓抓手臂或頭部等動作，仍會被察覺說謊的事實。

然而，只有天生愛說謊或慣性撒謊的人，才可能在說謊時不被發現。因為這樣的人完全不會因謊言而緊張，自然而然地身體也不會有發癢的情況，一般說謊者會出現的特徵同樣不會顯現在他們身上。

一般來說，不習慣說謊的人試圖撒謊時，大概都會被察覺，但十分諷刺的是，慣於撒謊的人卻能雲淡風輕地成功說謊。

10 爭論時呼吸急促，情緒即將失控的前兆

當我們生氣時，呼吸速度自然也會變快。

為什麼這時我們的呼吸會變得急促呢？因為身體需要許多空氣，希望藉此讓身體早點回復正常狀態。也就是說，呼吸急促的現象是身體在無意識間所做的深呼吸運動。

當自己與別人吵架時，如果聽到對方發出「呼～呼～」的呼氣聲，表示他真的氣炸了。若發現此種狀態，最好立刻停止與對方爭論，設法讓他冷靜下來實為上策。假如再持續爭執，接下來對方可能會朝自己丟擲東西了。

出現呼吸急促的現象，表示對方當下已無法回復到正常狀態，必須立刻做深呼吸的動作，**也代表他的情緒幾乎已到達頂端**。建議這時你要盡可能讓對方冷靜下來，或者盡快離開現場。

公牛只要一生氣，便會從鼻子大大地吐氣，這時最好遠離現場，避免無妄之

災。因為再靠近的話，接下來可能會被咬傷或踢傷。

凡事愛計較的人也常會有呼吸急促的現象，這時遠離他才是聰明做法——「君子不立於危牆之下」這句話用於此時是最恰當的了。

根據尼雷柏格（Nierenberg）和卡雷諾（Calero）《姿勢會說話》（*How to Read A Person Like A Book*）一書指出，呼吸的強度代表人對對方的敵意、攻擊性、討厭程度等，而一個情緒穩定的人絕對不會出現呼吸急促的情形。

生氣的人不但呼吸變得急促，而且也會試圖在說話時想吸入更多空氣，所以他們總是一副氣急敗壞的模樣。

當顧客到某店家客訴時，在怒氣沖沖的情形之下，也會有呼吸急促的現象。這時為了舒緩對方的情緒，建議可以用較冷靜口吻，慢慢地與他說話，或許可以適時減緩顧客的怒氣。

11 不自主揉捏脖子，焦慮緊繃的訊號

當人感到焦慮及壓力時總會以手觸摸或揉捏脖子後方，也有人在緊張時會鬆開領帶或解開襯衫的第一顆釦子——人們都會在情緒緊繃時做出差不多的反應！

為什麼情緒焦慮的人會習慣性地觸摸脖子後方呢？因為**脖子遍布許多迷走神經（Vagus Nerve），只要輕拍或輕揉脖子後方，就能降低心跳次數**。解開領帶和襯衫的第一顆釦子之行為，就是試圖讓該處以上的部位透透氣，同時也是個下意識動作。頭髮較長的女性，頻繁地撥弄頭髮，或者將頭髮往上紮起，同樣是因為想讓脖子後方透透氣，希望藉由這個動作消除壓力。

向主管報告時，假如主管的手開始放到脖子後方，並且出現揉捏的動作時，表示他已經對大家的報告感到厭煩，開始焦慮了。這時建議你趕快繞到結論，接著立刻離開現場，因為一個情緒焦慮的人是無法耐心聆聽的。

當一個女生開始想解開身上項鍊或襯衫釦子時，十之八九表示她正陷入焦慮

情緒；而男生則是出現反覆觸摸領帶結的動作。

焦慮的人也會經常觸摸喉結下方，以手指碰觸時稍微往下凹的地方，此處稱為「頸靜脈切跡」（Jugular Notch）。

根據「行為研究實驗室」（Science of People）的創辦人凡妮莎・愛德華茲（Vanessa Van Edwards）指出，觸摸「頸靜脈切跡」的人，皆是為了緩和緊張情緒及焦慮。

因此，處於緊張情緒時，女生習慣碰觸項鍊所在的地方並想要解開它；男生則是慣於觸摸領帶結之處，間接地碰觸「頸靜脈切跡」，藉由這些動作能讓情緒較為穩定。

當然啦，項鍊和領帶本身是完全無舒緩情緒的功效，因為有時在觸摸項鍊與領帶時，也會碰觸到「頸靜脈切跡」，便可同時讓情緒冷靜。

12 說話習慣扯東扯西，怕寂寞是背後原因

與別人交談時，通常是基於某種「目的」才展開對話，例如給予對方指示、請對方協助某事等。

但是，有些人與人交談的目的只是單純想說話而已，不管什麼芝麻蒜皮的小事，都能扯得很遠。這類型的人大多屬於「寂寞先生／小姐」，**他們想藉由與人交談，而產生與別人的「連結」，因此隨時隨地都能滔滔不絕地說話。**

靈長類動物，尤其是猴子們常會聚在一起，互相為對方「理毛」（Grooming）。基於衛生，理毛行為是為了幫彼此抓出身上的跳蚤，但更大的原因是猴子們藉此動作增進「親密關係」。

猴子是為了維持家族間的和諧，與同伴之間的感情，才彼此互相理毛。有人提出以下的假設：就人類而言，不可能像猴子一樣，直接碰觸對方身體，因此人們**藉由交談增進彼此之間的感情**——此說法是研究學者羅賓・鄧巴（Robin

Dunbar）所提出，並將此行為命名為「聲音梳理」*（Vocal Grooming）。

人類的交談與動物間的理毛行為有著異曲同工之妙，也就是說這兩種行為皆可促進彼此感情。什麼樣的人希望透過交談，獲得如同理毛行為一樣的效果？據觀察，是那些想和別人更親近，也就是比較害怕寂寞的人。對於不想與別人建立親密關係的人來說，自然不須這麼做，也不用與他人進行無謂的交談。

由此可知，能夠享受寂寞的人就不會說多餘的話，隨時隨地都在說話，無法靜下來之人，全是因為寂寞感作祟，希望藉由談話的理毛行為讓自己求得安心。

此外，害怕寂寞的人通常也會頻繁地使用電子郵件、LINE 或電話等與人保持聯繫。只要能與他人溝通，藉此維持彼此的關係，即便未面對面交談也可以，他們就能從中獲得滿足。

「也沒什麼特別的事……」經常將此話掛在嘴邊的人，表示他們內心是害怕寂寞的，遇到這樣的人可多與他們交談，彷彿以理毛行為促進彼此關係一般。

*編註：出自《哈啦與抓虱的語言》（*Grooming, Gossip and the Evolution of Language*）。

13 交談手指一直放嘴邊，言詞內容多隱瞞

當我們咳嗽或打噴嚏時遮住嘴巴是一種在意別人感受的行為，但如果有些人在與人交談時經常出現「掩嘴」動作，這又代表什麼意思？

根據英國牛津大學的彼得・科萊特（Peter Collett）指出，「試圖遮住嘴巴」的動作是一種怕自己說錯話，較謹言慎行的表徵。

科萊特表示一個習慣在大家面前偽裝強大的人，自然不喜歡真實的一面被人瞧見，因此常會提醒自己不要說錯話。這類型的人潛意識裡習慣壓抑自己的想法，會以手遮住嘴巴。

許多女性在說話時常以手遮住嘴巴，也是因為她們試圖隱藏真正的自己，而必須「演出」另一個不真實的自我。

一般來說，在女性朋友面前說話總是十分強勢的女生，到了不認識的人或男生面前，也會故意演得十分害羞。因為必須做一些偽裝，所以說話時就會以手遮

住嘴巴，深怕自己說錯話。

「當自己差點說出不得體發言之前，這類型的人通常會立刻以手遮住嘴巴，將話塞回去」，而未說出口的才是真心話。由此可知，「掩嘴」的動作是一種自制手勢。

假如女生在說話時經常以手遮住嘴巴，你可以因此懷疑「她是否表裡不一」；自然不做作的女生，沒必要做出任何自制動作。

與客戶談生意時，對方是否也以手遮住嘴巴呢？其中的意思與上述理論相同。他們深怕萬一不小心說了多餘的話，可能影響交涉結果，因此會一邊思索何種用詞較為恰當，一邊提醒自己須謹言慎行——這時候對方會用手按住嘴巴周圍，摸摸嘴唇或以手指輕碰等，科萊特表示這也同為自制手勢。當不該說的話突然冒出頭時，便立刻用手將話塞回去。

因此，假如交涉對象在談話時一直將手放在嘴巴周圍，表示對方可能在隱瞞某些事。「關於這一點，我希望你盡量不要碰觸」、「我才不想告訴你真實訊息」等，當對方有所隱瞞或感到愧疚時，就會出現以手遮嘴的動作。

14 「聲音與身高」透露自信度？

在動物的世界中，聲音大小就能決定在團體中的權威程度。比方說，公鹿在發情期所發出的聲音大小，便等同於它的強大指數。因此，聲音越宏亮的公鹿，可博得越多雌鹿的青睞*。

蟾蜍的世界亦相同，叫聲越宏亮，越能獲得雌性的青睞。為什麼「聲音大小與否」如此重要呢？

因為大部分的情形下，聲音越大的個體，其體格力量相對強壯。也就是說，動物習慣以聲音來展現牠們強健的體態。在動物世界不須比腕力，只要比聲音宏亮度就能決一勝負。

＊編註：《動物行為學與動物學習辭典》（*The Dictionary of Ethology and Animal Learning*）。

聲音越大，越受歡迎？

那從人類的聲音可以讀取什麼情報呢？就心理學而言，聲音越宏亮的人，表示越精神奕奕，對自己有自信。

假設你要在大家面前唱一首歌是你從未唱過的，而且是除了副歌聽過幾次，其餘部分完全不熟悉的歌曲。在這種狀況之下，應該沒有人能對唱歌一事充滿自信。

接著，事情將如何演變呢？大概就是毫無自信地小小聲唱完吧！由此可知，當人缺乏信心時，只能發出微弱的聲音。

然而，若要唱自己最拿手的歌曲時，任誰都能充滿自信。假如這首歌已唱了幾十次、幾百次，那擁有的自信度更是不在話下了。因此，自然而然地唱歌聲音也會跟著宏亮。

聲音大小與人的自信度有著密切關係，像是說話聲音原本就宏亮的人，表示他「一直以來都對自己充滿自信」。

當然，即使是天生自信滿滿的人，面對沒有把握的談話內容時，聲音也會瞬間變小。開會時也是一樣，只要比較發言者的聲音大小，大概就能知道其中的權威排名——地位越高的人，越能夠發出清楚、宏亮的聲音。

只要從聲音的宏亮度觀察，大概也能知道誰提出的方案會被採用。一個有自信且聲音宏亮的發言者，他所提出的意見或方案總是較容易吸引別人目光，進而被公司採用。

在動物的世界裡，只要雄性聲音夠大，就能受到雌性的青睞。但十分遺憾地，在人類世界並非如此簡單。但至少在會議桌上，得先讓自己的意見被聽見、接納。

「身高」和自尊心成正比

先前提到在動物世界裡，體格越強壯，聲音會比較大聲，權威地位也較高；而在人類世界，身高越高的人自尊心越強，對自己越有自信。

根據加拿大的阿爾伯塔大學（University of Alberta）尤金・萊歇特博士

（Lechelt, E. C.）指出，人的身高和自尊心強弱有密切關係。只要從身高就能了解對方的自尊心高低，精準度大約為八八%。

萊歇特博士針對會計師、技術人員、社會工作者、主播、律師、銷售員等，各種不同行業做了調查，發現不管哪一種職業，身高越高自尊心越高，而且人數還在持續增加中。

下次如果各位讀者看到比一般平均身高還高的人，可試著問他：「你對自己很有自信，對吧？」準確率極高，對方一定會回你：「是啊，沒錯！你怎麼知道呢？」

當然還是偶有例外，即便身高高人一等，有些人對自己仍缺乏信心，但就常理來說，大部分較高的人都是極度自信的。

想成為政治家或企業領導者，你必須對自己充滿自信。因為當你缺乏自信時，就無法做出精闢的決定。可能也是因為這樣，通常**政治家比一般人還高，企業領導者也常是身高較高的人擔任**。

美國佛羅里達大學提摩太・賈奇（Judge, T. A.），調查八五九〇人後發現，身高越高的人，越會對自己充滿自信，而且容易成為組織裡的領導者，收入通常也較多。

根據賈奇指出，身高每高出一英吋（約二・五四公分），年收入將多出七八九美元。

「哪有這種事，世上也有身高不高，但對自己十分有自信的人啊！」或許有人想提出如此的反駁意見。但這只是例外，基本而言，身高越矮的人通常越缺乏自信，隨著身高的增加，對自己的自信程度會越來越高。因此，只從身高大概就能猜到他人的自信指數與收入。

15 說不停惹人厭，對方接話好時機怎看出？

一個不懂察顏觀色的人，無法接收到對方釋放的訊號。假如能夠察覺對方的心意，就不會有所謂「自目」的人了。

照理說，應該不會有人在接收到對方訊號後還不為所動，但事實上的確**有些人常自顧自地說話，最後惹得周遭人不悅**。

單方面的聆聽其實也是件痛苦事，像是聽校長講話、社長訓話時，為什麼很快感到厭煩？一切原因來自我們無法插嘴任何話語，所謂的「交談」應該是你來我往，單方面的發話著實讓人感到乏味。

為了不要過度發言而遭致討厭，希望大家能看懂對方釋放出的「我想說話」之訊號。而這其中的關鍵在於「食指」——**當對方想表達「希望你將發言權讓給我」，會豎起食指朝向你**。

各位看左圖應該就能知道，這是一種「讓我插嘴一下」的訊號，這時你只要停止發話，看著對方雙眼即可，如此對方自然會接話，這是大衛・羅易斯（David Lewis）在《成功的秘密語言》（*The secret language of success*）一書中所指出。

「食指」在這裡代表「刀子」，豎起食指表示想將你正在說的話「切斷」的心情，或者希望藉由刀子的表徵，告訴你：「你再不停下來讓我說，我就用這個刺你喔！」多少帶有威脅之意。

因此，當察覺台下有聽眾做出如此反應，有人豎起「食指」朝向你時，最好立刻停止發話，詢問對方：「請問您針對這一點有什麼想法嗎？」

從手勢讀出的訊號

以食指指著對方是失禮的行為，因此有的人會盡量忍著。但是他們會轉而敲敲玻璃杯或玩弄冰塊，發出一些聲音吸引對方。或者，也可能以指尖輕輕敲打桌面，都是想藉由聲音引起對方注意，告訴對方：「差不多該換我說話了。」

只能被迫聆聽而無法發表意見是很難受的，任誰都會很快厭煩。為了不讓對方陷入不悅情緒，請不要忽視他發出的訊號。

16 對你好感或討厭？眉毛、目光全表露

當我們感到不悅，會做出和「聞到臭味」時相同的表情——通常會將眉頭深鎖。比如有些人討厭在吃飯時聽到咀嚼食物的聲音，但卻有人在自己面前咀嚼發出巨大聲響，而這時他們便會皺起眉頭；討厭吵雜環境的人，在他們一踏進喧鬧商店時，也會立刻先皺眉頭。

當我們看到不舒服的事物，或者聽見令人不悅的聲響，雖然這些情境和「臭味」毫無關係，但十分神奇的是，我們在這些情況之下，皆會做出和「聞到臭味」時相同的表情。

討厭的感覺是最原始的反應，而引發這些厭惡感的源頭正是「臭味」。人類祖先會先透過嗅覺來判斷該食物是否能吃，而當我們聞到不舒服的味道，便會自然地別過頭去置之不理，是一樣的道理。身體記住了這些自然的反應，因此遇到不悅的事情，也會做出和聞到臭味時相同的表情。

搓揉鼻子是「不悅」訊號

美國喬治亞州立大學（Georgia State University）心理學家艾利克・華曼（Vanman, E. J.）在三十六名大學生的臉部裝設感測器，接著讓他們看不同人的大頭照，分析他們的臉部肌肉如何變化。

結果發現，當他們看到厭惡的長相，眉間的肌肉開始動作，這種肌肉運動方式和聞到臭味時是一樣的。

雖然面前並不一定真的有十分惡臭的東西，但當我們眼前站了一個自己討厭的人，心中便湧起一股「我不想聞臭味」的自然反應，接著下意識地將手指移到鼻子下方，試圖讓自己盡量不要聞到過多的空氣。

因此，若你發現眼前的人開始皺眉頭，或以手指搓揉鼻子，或許表示你對他來說是不討喜的對象。

與人交談不太順利，心中想著：「真傷腦筋！」的時候也會露出彷彿聞到臭味般的表情，心中厭惡感立刻表現在臉上。

擠滿人的電車或電梯裡再度擠進一大堆人時，建議各位可觀察周遭人的表情，想必大家應該都是眉頭深鎖吧！當我們感到不愉快的時候，表情大概都是一致的。

撇開視線，代表「拒絕」！

當我們努力介紹著商品企劃時，對方也可能皺起眉頭，或者稍微將臉或視線撇到另一邊去。若你看到台下聽眾出現這種表情，表示你的簡報是失敗的，因為對方壓根就沒打算接受你的新提案或企劃。

此外，根據美國紐約大學安德魯・湯瑪斯（Thomas, A. P.）所說，當我們被迫聆聽不感興趣的話題，會自然地把視線或臉移開。相反地，當又對話題感興趣時，臉會再次抬高一些。

飼養的小狗只要一聽到主人聲音會馬上抬起頭，哪怕小狗正在睡覺也會立刻這麼做。「抬起頭」這個動作傳達的訊息是：「我接受你。」是種「接納」的表現。

人類從以往至今也一直都有這樣的反應——聽到感興趣話題時，會自然地抬頭。因此，假如看到大家出現這種反應，表示你的簡報是成功的。

本人在大學執教鞭的時候，當我講一些學生較感興趣的話題時，他們一定會立刻抬起頭，這些都是我們生活中經常出現的情景。可是，倘若上課內容並不十分有趣，未迎合學生興趣，他們幾乎都是斜歪著頭聽課。其實學生最想做的是「左右搖頭」的動作，但因顧及不打擾教師上課之原則，他們只悄悄地表現出「拒絕」的訊號。

這種將頭別過去的「拒絕」訊號，是從嬰兒時期開始建立的。嬰兒吃飽了，或者父母端來不喜歡吃的東西，他們就會左右搖頭，嘴巴說著「不要不要」，拒絕眼前食物下肚。這種「拒絕」訊號自此時期便開始出現，即使我們長大了，也會在想拒絕時，左右地擺動頭部。

不管是做簡報或與人洽公，必須仔細觀察對方的表情。即使是十分微小的變化，當對方出現左右搖頭的動作時，表示你的談話內容已遭到否定。相反地，當對方上下點頭時，大概代表他已接受你的提議，也會給予贊同。

假如對方一開始就將頭別過去，可依此判斷——比起談話內容，對方比較不能接受的是你。遇到此情形，立即離開現場是最聰明的做法，因為接下來即便有著三寸不爛之舌，你的簡報也無法順利通過。

第3章

聽懂「暗示語」，接話漂亮，誰都喜歡你

「假設不會只有一個，必須同時思考數種假設。也就是說，必須將所有可能性皆納入考量。」

——《四個簽名》（*The Sign of the Four*）

01 「話中有話」的暗示，如何解讀？

通常人們的話語當中，真正的意思並未顯現在所用的語詞。「文字背後」的意思才是「本意」，我們將其稱為「文字本意」。一位能夠讀取人心的高手，也能看穿「文字本意」。

以較艱深的意思來說明，可解釋為：「將某項必然的結果，以某種表現方式呈現」。

就理論上來說則是：如果前提A的表述與結論B之意思相同，那麼A和B以形式而言即為一種「文字本意」的關係。

或許這樣的說明仍然不夠且難以理解，我們舉個具體的例子──比方說，有位孩子向母親詢問：「我可以出去玩嗎？」母親回說：「你不是有功課要寫嗎？」

乍聽之下，這樣的回答似乎有點奇怪──孩子明明想從母親那裡得到的是「能夠出去玩」的許可，但相對於此，「你不是有功課要寫嗎？」根本稱不上是對等的回答。

但是，只要讀取母親用詞說話的背後本意，就能立刻了解**母親真正想表達的訊息是：「不可以出去玩」**。

再舉一例，有人在車站的商店向店員詢問：「有 Marlboro 的菸嗎？」店員就會立刻拿出此品牌的香菸。

客人這句話並非在問店員：「是否有這個品牌的菸？」而是在告訴對方：「我要買 Marlboro 的菸。」店員在面對這樣的談話時，也能立刻了解客人的本意。

從這些例子當中，大家大概也已經充分體會到，如上述的對話經常出現在生活中，而這些句子的本意皆隱藏在用詞背後。一個無法讀取對方本意的人，通常只會就字面上意思照單全收。

一位受女性朋友歡迎的男性，勢必懂得女性言語背後的意義，接著展開適當的行動。

比方說，當女生說：「你會不會熱？」的時候，如果是一位受歡迎的男生，便懂得立刻貼心地打開窗戶，或者調降空調的溫度——因為女生並不是對室溫或氣溫一事感興趣而說出「你會不會熱」，這句話的本意是「希望氣溫能夠涼爽一點」。

但是，總是不受歡迎的男生是無法讀取文字本意的，因為當女生說出：「感覺好熱喔！」此時，若是不識相的男生，他們只會簡單地以一句「會嗎？」而結束對話。

《入門　語用學研究─理論與應用》（入門　語用論研究─理論と応用）一書中提到，能夠正確看穿對方文字背後的真實涵義，對於人際關係將會有極大的幫助。

當對方在說話時，除了必須了解他用詞背後的真實本意，同時也要聽出對方真正的「心思」為何。

舉例而言，當你向一個借了錢尚未歸還的人詢問何時能還錢，假如對方只給了一句：「快了快了！」很明顯地，表示他完全沒有想還錢的意思。倘若對方有還錢的誠意，大概會說「明天會拿來」或者「請寬限到月底」等，一定會在回答時加上「日期」。

請各位切記，不可以將對方用詞的表面意思照單全收，必須認真聽取背後的真正本意。

02 真心話怎麼套出？「門把效應」最有效

「啊，對了，其實……。」心裡諮商的談話結束，前來諮詢之人常會在手握著門把，準備離開的時候，將最重要的話說出來——這種情形稱為「門把效應」（Doorknob Effect）。

因為諮詢當下，來訪者皆處於極度緊張的狀態，容易將真心話或重要的內容隱藏。但是，**當聽到諮商師說出：「好，今天的諮詢就到這裡！」全身緊繃的神經突然瓦解，便能將自己心中真正的煩惱全部傾訴。**

通常在這時候，諮商師會故意延長時間，讓諮詢者能全盤托出心中的話——因為此時他們將說出許多重要情報。

在商場也能看到相同情形——「那麼這個案子我們下次再討論吧！」當做出這樣的決定時，交涉的另一方才開始吐露真實心聲。

難處理的案件在「這個案子下次再解決」的話語出現時，對方也同時鬆了一

口氣。接著在輕鬆的對談當中，原本的緊張感獲得抒解，不知不覺就能讓對方吐露真心話。

在交涉當下，再如何向對方逼問實情，恐怕也毫無斬獲，如同以下詢問方式——

「○○先生，我們就打開天窗說亮話吧！究竟多少價格才能讓您決定成交呢？」

「○○先生，您希望的條件是什麼？」

「○○先生，這次合作的最大阻礙究竟是什麼呢？」

縱使我們再怎麼追問，大概也問不出個所以然，對方是不會說出真心話的，因為對方深知一旦自己掀出底牌後，便會處於不利的一方，在交涉當下是一刻不得鬆懈。

但是，**一進入休息時間或交涉結束後，便能立刻切換到放鬆模式，想聽取真心話，就必須鎖定這個最佳時機。**當對方一放鬆後，即使再難應付的人，也能輕鬆應對了。

我也經常施展這個技巧——**想知道的情報可以在談話結束時，雲淡風輕地「隨口」發問**，而最佳時機為雙方從椅子站起即將離開的時候。

比方說，你可以這樣問：「大概何時之前能收到您的回覆呢？」或者「就您看來，您認為公司採用這個企劃案的成功率有多少？」接著，你將聽到對方的真心話。所謂的「門把效應」就是要在對方不經意之時，攻破其心防。

想從一個做好萬全防備的人身上挖掘情報十分困難，因此只要抓緊對方鬆懈的瞬間，不經意地詢問，重要情報就萬無一失了。

03 這個時候說「不懂」，其實是「討厭」

人們說話時的用字遣詞背後隱藏著許多涵義，「不懂」也是一個代表性語詞——

「不好意思，我不太了解那個企劃案目的為何？」

「我不懂你的提案目的是什麼？」

通常聽到這種回答，**對方並不是真的不懂，而是他「不喜歡」該提案**，所以即使再詳盡的說明也無濟於事。

說「不懂」的人，背後的本意是「我不想懂」，也就是「討厭」的意思。因此，當有人對你說：「我有點聽不太懂你想表達的內容。」你再怎麼多做說明也沒用。

人類的理解能力比我們想像中還要優秀許多，即使是困難的問題，大概只須一點點時間就能理清其中脈絡，所以說「不懂」之人，其實並不是真的無法理解你說的話。

加拿大主教大學（Bishop's University）利昂內爾・史坦丁（Lionel Standing），準備了一萬張的飛機與小狗等日常照片，每隔五秒鐘展示一次照片，測驗每個人的片段記憶。結果在看完所有照片之後，測驗這些實驗者是否認得該張照片，有一大半的人大概都能回想起這一萬張的照片內容。

根據史坦丁所說，假設展示了一百萬張照片，大約有七十三萬一千四百張的照片是可以被成功認出來。由此可知，我們人類的理解力與判斷力十分驚人。

比方說，假設我們為了尋找某種主題的書籍而來到了書店。即使是比較大型的書店，在茫茫書海中，我們仍然可以找到需要的書，因為人的大腦會在瞬間幫我們判斷想要找的書在哪裡。

當我們將欲尋找的書握在手中時，**只要大致翻閱，大概便能正確地判斷自己想要的資訊刊載在哪些頁面**，這是種不需要特別受過速讀訓練就可以辦到的能力。

就上述內容推斷，倘若擁有這種判斷力，應該不會有先前所提及——「對方不懂」的情況發生。

嘴巴說著「不懂」的人，其實根本不想了解該內容，也從未想過接受眼前事物，因此自然而然地就真的「不懂」了。

嘴上說著這些話的人：「我不懂電腦怎麼用。」或者「我不懂這個軟體的使用方法。」即便再怎麼卯足全力說明，對方也絲毫沒有任何求知欲，因為他真正的心聲是：「我根本不想學會用電腦。」

04 常說「我沒辦法」，是什麼性格？

每當對方有事相求時，有些人總是立刻反射性地說出：「啊，我沒辦法～」或者「我無法幫忙耶！」這樣的人大概對自己的將來也毫無努力之心。

常把「沒辦法」掛在嘴邊的人，做任何事都氣勢薄弱，可說是一個消極之人，「我無法幫忙」的回答亦是相同道理。相對於此，積極的人會回說：「我沒做過這個工作，但我會努力看看。」

嘴上經常說著「沒辦法」，同樣也是欠缺挑戰精神的人。他們通常課業不佳、工作表現也不出色。

美國耶魯大學喬瑟夫・馬霍尼（Joseph Mahoney），針對六九五名的小學四年級生每年做實驗，從運動、參與義工活動、學業、藝術等，調查他們的參與深度，同時為了了解他們的挑戰精神，一直持續到十二年級為止。

接著，在他們二十歲時，再次調查相關內容，藉此了解他們的學業狀況。結果發現，就讀小學期間比較勇於挑戰、有想法的孩子，進入大學後成績明顯地較佳。

針對商務人士也做了一樣的調查，發現其結果十分接近，只有「常保挑戰之心」的人，比較能夠「早日升官」、「加薪」。

不管做什麼事，毫無挑戰之意，立刻說出：「啊，不行！」的人，大概也沒辦法好好唸書，甚至無法出人頭地，最重要的是很難成為有錢人吧！。

對於要交辦工作的人來說，「沒辦法」、「我可能做不來」是最不受歡迎的回應。各位試想，當你欲託付工作給別人，第一時間聽到「沒辦法」的答覆，任何人都會氣炸吧！面對如此直接拒絕自己的人，誰還會想和他合作第二次呢？

也就是說，常把「沒辦法」掛在嘴邊，即是在縮減自己的工作範圍。如此一來，升官、加薪等當然都輪不到你了。

當別人託付工作給自己，請盡量這樣說：「好的，我會努力看看！」或者「雖然我沒經驗，但我會拼了命去做！」縱使最終結果不盡理想，也總比一開始就回答「我可能做不來」、「沒辦法」來得好，而且會比較容易獲得對方的認同。

若你凡事皆回答「沒辦法」，**真正的問題並不是真的「無法做到」，而是你根本缺乏「執行動力」**，如果你將這樣的負面情緒傳達給對方，將會招致對方厭惡。

05 會議前空檔，能探知職場「潛規則」

大部分的人都在會議開始前幾分鐘才匆忙趕到，比方說會議從下午兩點開始，很多人是在一點五十五分左右到達！

但是，正確的做法是最好早一點抵達開會現場。在第一〇二頁曾提到：「人在交談結束後最常說出真心話。」而「交談之前」也是最容易吐露心聲的時候，因為此時心情同樣最放鬆，誰在想些什麼？一切淺而易見。

會議開始前，大家還未擺出備戰狀態，**這時只要製造一些不經意的對談，就能套出與會者的真心話**——

「嗯～希望A先生今天可以盡早結束會議。一直說這件事很趕，表示不管什麼議題都能很快定案。」

「對喔～B先生在之前的會議被C先生反對了嘛，搞不好可以趁這次會議否決C先生的提案。」

「喔~原來如此啊，C先生不喜歡D先生，不過我常在下班後看見他們一起喝一杯耶！」

這種職場中的真實人際關係樣貌立刻現出原形，無從隱藏！但只要會議一開始，這樣的讀心術遊戲馬上結束，因為此時大家都已進入備戰狀態，心情十分緊繃。

盡量早點出席會議，不經意地與別人交談吧！你就能輕輕鬆鬆得知他人心裡在想些什麼。

根據耶魯大學理查・華格納（Wagner, R. K.）指出，就算了解與工作有直接關係的「職務知識」，也不見得對工作有實質幫助。**重要的是了解每個職場與組織裡的「潛規則」，越能輕鬆遊走於其中的人，越能早日升官發財。**

各位了解自己職場的人際關係網絡是什麼模樣嗎？你知道誰喜歡誰？誰又討厭誰嗎？這些知識的總結就叫「潛規則」。只要懂得在職場網絡中占有一席之地，就能獲得許多有益的職場情報。

當然，會議也是個讓你了解職場脈絡的重要地方。參加會議之前，如果能夠和其他與會者輕鬆交談，事先做好準備，自己所提出的提案也比較容易獲得認同。因此，早點出席會議有著許多的好處。

06 總愛「搶先發話」，領導欲強烈的特質

當許多素不相識的人聚集在一起時，只要觀察誰先發話，就能看出誰的領導欲較強。**有著強烈領導欲的人，總是搶先一步發話**。因此，依據每個人說話的順序，大概能猜出最後控制全場話題的人是誰。

有著強烈領導欲的人，也將帶領整段對話。相反地，總是等別人開口說話之人是個跟隨者，不太會主動積極地做些什麼。

會先發話的人，在其他環節上同樣想要居於領導地位；不想先發言之人，在其他工作也總是喜歡擔任跟隨者的角色。

觀察整個談話過程，你會發現一開始就發話的人，通常說話次數也最多。**談話中途才發言的人，並不會最後才能量爆發地侃侃而談**。

加拿大西安大略大學的理查・索倫提諾（Richard Sorrentino），分別讓四人成一組，並且請他們針對「在沙漠裡生存下來的必要條件為何？」為主題討論。

討論結束後，他向全員詢問：「請大家說出組別中的領導者是誰？」結果大家選出的領導者果然在團體中一開始就發言，同時也是發言量最多的人。

起初便發話的人，通常也會被眾人認為具有「領導者特質」。他們為了不讓大家失望，在眾人的期待推使下，也會漸漸累積領導能力。

所謂的「領導能力」，與其說是天生的資質，不如說是一種能夠靠後天學習而蓄積的能力——當別人以對待領導者的方式與你相處時，自己也能漸漸地培養出領導能力。能夠一開頭就發話的人，也是在如此期待下蛻變成領導者。

想鍛練領導能力，第一步必須先隨時提醒自己，在任何場合都要「先聲制人」。不管在哪種場合、什麼樣的團體，只要提醒自己成為先發話者，就能自然地培養出領導能力。

07 權力主從關係，「同步現象」能看出

一位掌權者不管是說話方式或肢體語言等，總是會讓身邊的人不自覺地與他同調。

當掌權者開始放慢說話速度的時候，在場的人也會放緩講話速度；掌權者中氣十足地說話時，周遭的人同樣會跟著提高音量。

由此可知，**只要觀察誰是被模仿的人，就能知道談話者之間的關係，也能了解彼此的權力主從關係。**

分析美國脫口秀「賴瑞金現場」（Larry King Live）節目中的情景後不難發現，當節目來賓是擁有高知名度的「伊莉莎白・泰勒」（Elizabeth Rosemond Taylor），主持人賴瑞金的發言步調與她一致。相反地，來賓不是知名的人時，情況則轉為來賓配合主持人。

倘若你發現處於同一現場的人，出現了同樣的說話方式、聲音大小、肢體語

言之現象，在心理學上就稱為「**同步現象**」——指的是權力較大者會成為其他人的模仿對象，進而產生「同步現象」，且以往未曾出現與此現象相違背的事實證明。

學校的老師大都擁有比學生更大的權力及權限，因此當老師和學生談話時，就可發現學生模仿老師的同步現象。

美國波士頓大學瑪莉安・拉弗朗斯（Marianne LaFrance）用了六週的時間觀察十四個班級的老師與學生行為模式後發現，學生們會因為想與老師同調而改變自己原本的說話方式。

這些學生們原本拉高分貝地愉快談話，假如這時老師剛好加入，他們便在瞬間改變自己的語調，動作也變得比較不誇大，學生們的聲音及肢體動作皆自然地配合老師的節奏。

夫婦之間的權力關係亦是相同道理，只要觀察哪一方配合另一方，就能知道夫妻間的權力與地位狀況。假如家中握有主導權的是太太，丈夫便會配合太太的聲音大小與說話速度。至於太太的權力有多大，只要看丈夫努力配合的程度就能窺知一二。

情侶之間也有同樣情形，配合另一方的通常是權力與地位較居下位者，從中也不難想像兩人結婚後的權力構成情形。

08 核心人物怎麼辨識？留意「目光焦點」

在黑猩猩的群體當中，所有黑猩猩的目光均聚焦於「老大身上」。不管黑猩猩們做些什麼，都十分在意「老大」的感受，因此常會偷看老大的反應。由此可知，當我們處於一個群體時，只要觀察大家目光聚焦的目標，就能立刻找出誰是老大。

人類的社會跟黑猩猩群體一樣，**權力越大的人，被別人注視的機率也越高**。

被喻為男神的美國前總統甘迺迪，只要他一進入某個空間，現場群眾的視線總是離不開他。我們會在意比自己更能握有權力的人，因此為了確認老大的一舉一動，就無法將目光從他身上移開。

在公司也是一樣，部屬注視主管的時間絕對遠超過主管關注部屬，全員目光幾乎集中在最高領導者身上。

當公司開內部會議或與人洽談工作時，我們的目光也總是鎖定在關鍵人物。

因為即使說服了一個無決定權的人，也無法產生實質上的效用，一次擊敗握有生殺大權的關鍵人物才是商場交涉之道。

假如對方同時出現三或四人，只要觀察對方成員的目光焦點，就能看出誰是關鍵性人物。**倘若發現某人一直偷瞄另一人的表情，那被注視度越高的人，就越可能是關鍵人物**，這時只要針對他做商品介紹即可。

這個理論也可視為面試的作戰法則——假如同時有好幾位面試官，無法得知誰是關鍵人物該怎麼辨呢？一般而言，坐在正對面的人為關鍵人物的可能性較高。然而，有些地位較高或握有權力的人，反而喜歡故意避開正中央的位置，習慣坐在側邊。假如此時坐在正中央的面試官，在面試時頻頻看某人，那此人為關鍵人物的可能性就很高了。接下來，**所有回答只要注意那個人的表情，被錄用的機率也會提高。**

以前大家皆習慣從年齡推測，認為年長者通常為關鍵人物，但最近也有許多優秀年輕人成為主管，或擔任公司的重要職務，因此光以年齡做判斷是十分危險的。

「這傢伙還是個乳臭未乾的小子嘛！」當你看不起某個年輕人時，或許他才是真正擁有決定權的關鍵人物。因此，絕對不要被年齡誤導，請注意大家目光焦點之人。

09 「樂觀」或「悲觀」個性，從何得知？

我們來做一個有趣的心理測驗吧！假設各位在深夜時分收到一封郵件，請問你覺得郵件的主旨內容為何？

不知道各位心中是否已有初步的想像了？接下來我想問問大家，你想到的郵件內容是約會的邀約信、主管的溫暖問候信等較正面思考的郵件內容嗎？假如是的話，**表示你是樂天派，屬於較樂觀的個性特質。在心理學上來說，被歸類為「獵奇成癖」**（Neophilia）。

相反地，倘若你認為這封「深夜郵件的內容」為情人寄來的分手信、客戶的抱怨信、壞消息的通知信等等，表示**你是個性比較悲觀的人，在心理學上被歸類為「恐新症」**（Neophobia）。

這個心理測驗出自於本明寬先生與野口京子小姐所寫的《新訂 讓你了解潛藏自我的心理學練習簿》（新訂 いままで気づかなかった自分がわかる心理学

練習帳），這本書可測出我們是樂觀或悲觀看待自己的未來。

天性樂觀的人對所有的事都能以正向角度視之，因此當被問及：「深夜郵件內容為何？」樂觀的人理所當然地給予正向的回答。

假如向樂觀的人詢問：「你認為自己將來會結婚嗎？」他們的回答大概皆是「百分百會結婚」；或者被問及：「你認為現在的工作是否會順利下去？」應該也會獲得正向的回應。

「假如發生了一場大災難，你認為自己可能獲救嗎？」樂觀的人同樣會回答：「應該能存活下來！」不管問什麼，他們只會給予正向的答案。

悲觀的人正好相反，他們總是杞人憂天，負面的思考佔據了大腦。「你覺得自己患重病的可能性是？」悲觀的人會以機率相當高的數字回答。即使他身體十分健康，也免不了往悲觀裡鑽。

我們欲解讀一個人的個性時，通常難以推斷對方的內涵與體貼程度，但卻能簡單地判斷出他「樂觀或悲觀」。悲觀的人即使在會議上發言，也總是釋放出許多負面的想法——

「因為沒有前例，還是先別做了！」

「我認為成功的機率很低！」

因為悲觀之人總在會議裡說些潑冷水的話，因此很快就會被掛上悲觀者的分類標籤。

「假如你搭乘的飛機墜機了，你認為自己的生還機率是多少？」只要開口向對方這樣詢問，就能了解他的樂觀指數了。回答「八〇％以上」的人，可說是極度樂觀派，回答「五％以下」表示為較實際之人，但後者大概也有些悲觀傾向。

10 面對「惜字如金」的人，怎麼套話？

常在訪談中可看見以下的談話技巧，主持人在話說到一半時突然停止，讓對方接著發表言論，如此可幫助自己讀取對方真正想法——

「也就是說，您的想法是……。」

「原來如此，這麼一來您當然……。」

「那麼，您就……。」

自己只說前半部的內容，接著在談話中看著對方的眼睛，停止發話。因為突然的停頓將引出對方真心話，對方通常會在談話後半段開始侃侃而談。擅於使用此話術的主持人，能夠不知不覺地套出政治家的真心話。

想引導對方說話時，關鍵在於一直凝視他的眼睛。加拿大的維多利亞大學（University of Victoria）珍娜・巴維拉斯（Janet Beavin Bavelas）指出，只要一直注視著對方，談話主導權會開始輪替，對方也能順勢開金口說話。

在心理諮商方面，諮詢師也使用相同方式讓惜字如金的諮詢者開口表達想法——「你真的不想去學校……」由諮詢師先開口，接著一直盯著諮詢者的眼睛。「是的，我還不想去上學。」諮詢者就開始吐露真心話。

「你不想去學校嗎？」如此開門見山地問，恐怕無法問出對方的內心話，他只會靜靜地不發一語吧！**想讓惜字如金的人開口，只要在話說一半時，盯著對方的眼睛看。**

主持運動賽事或格鬥比賽實況轉播的主播也大多運用這種話術。「在這個時候，○○先生（與會來賓）您覺得戰略上應該……」說到一半時，將會話主導權丟給對方，接著對方便會自動導出結論，告訴觀眾：「是啊，我認為這是正確的戰略……。」

主播應該也十分清楚比賽內容，自己播報即可，為何還要讓來賓發言呢？能夠主持現場的主播都有兩把刷子，對賽事也不陌生，具有相當程度的相關知識。可是，這種自己不發言，卻能引導對方將自己所想的內容說出，這樣的話術才最高明。

如果特意表達自己的想法，但對方不買帳，對話可能就無法繼續下去了。因此，只要適時地拋出問題，對方不但有回答的空間，也比較不容易排斥，還能趁機引出另一個新話題。總之，只要拋磚引玉地起個頭，讓對方跟上自己的談話節奏。當來賓對某話題感興趣而開啟了話匣子，對於主持人提出的問題大概也都能漂亮回答。

11「假設語氣」，讓人容易說溜嘴

當我們在商場與客戶洽談時，原本怎麼問也問不到重點的問題，在使用「假設語氣」的話術後，對方竟然不知不覺地將真實情報說溜了嘴。

如果各位能夠一讀蓋瑞・卡拉斯（Gary Karrass）《談判結束》（*Negotiate to Close*）就能知道，越優秀的業務員，越懂得**運用假設語氣向對方挖掘重要的情報**。

假設各位現在正想購買一塊土地，這種情形只要運用以下說法，就能獲得所有實用情報：

「關於○○的土地，假如一百坪需要多少資金？」

「大概每坪二十五萬日圓。」

「假如我想購買五百坪，大概要價多少錢呢？」

「如果是五百坪，大概每坪二十二萬日圓。」

「現在您持有的所有土地大概多少坪呢？」

「我想應該有二千坪。」

「假設喔～我以現金購買的話，大概會是多少錢呢？」

「如果全部以現金一次付清，大概每坪十八萬日圓就可以了。」

只要如上述方式，全部以假設語氣與對方溝通，就能順利取得每坪大約十八萬日圓的真實賣價，也能知道房地產業者的利潤大概多少。如此一來，在與對方交涉時，也可以從每坪十八萬日圓開始談起。

假如一直詢問對方底價，對方絕對守口如瓶。因為這種重要情報，一般來說賣方是不太願意開口先出價的。然而，當我們使用假設語氣之後，對方卻會不經意地說出真實價格。

假設語氣在商場上絕對佔優勢——「假設我們簽一年合約，價錢大概可以降多少呢？」或者「假設不需要保證金，大約要多少錢呢？」只要運用假設語氣，就能幫你取得重要情報。

心理學有一種叫做「許三個願望」的談話技巧。

「現在你最想要的東西是什麼呢？」單刀直入的問法只會讓對方更加緊閉嘴巴，因為受訪者大都十分在意如果自己真的說出「我想要錢」、「我想要女朋友」等願望，不知道對方會如何看待自己，所以只好什麼都不說。

但是十分不可思議地，假如將問題換成：「如果你可以許三個願望而且都會成真，你會許什麼願望？」這時對方的心防竟神奇地鬆懈了，老實地將心裡願望說出來。肯塔基大學（University of Kentucky）比利・艾伯斯（Ables, B.）透過這個話術成功地問出了男人最想得到「金錢」，而女人最想要的是「情人」或「朋友」，這類十分真實的答案。

開門見山的問法是毫無說話藝術可言，而為了能夠得知對方真正的心裡話必須略施小技，這時最能派上用場的技巧便是「假設語氣」。

12 對方不直說，「裝不懂」就對了

通常人們在說話時總愛拐個彎，不喜歡直接說出自己的真正想法，這即是我們常說的「婉轉」。**當對方不直說時，我們只要故意裝不懂就對了。**

對方故意用十分曖昧的語氣說話時，我們便假裝不懂，讓對方說出核心內容。「您的意思是？」這一句即為最佳武器——這個技巧是由美國心理學家大衛・李柏曼（David J. Lieberman）《看誰在說謊》（*Never Be Lied to Again*）書中所介紹的話術。

「我是同期裡面最早升官的喔～」

「您的意思是？」

「自己說好像有點不太好意思，但我認為我是一個學習能力蠻強的人！」

從以上回話可得知這個人是怎麼看待自己的，雖然不能說他是個過度自信的

人，但至少知道他應該做事不馬虎。

「我負責所有的業務工作」

「您的意思是？」

「意思就是～公司內部的決定權在我身上。」

對方會這樣說表示他握有公司決策權，所以想請談話對象安心地說明商品，或者他是在告訴對方：「雖然我沒有什麼太驚人的頭銜，但請不要隨便地看待與我的談話。」

「您的意思是？」這個關鍵話術也**能讓突然停止說話的人再次開口**。訪問政治家時，可套用此方法：

「這次我不打算參選市長。」

「您的意思是？」

「……意思是我這次不參與競選，但將來的事就不知道了。」

從上述談話可以知道對方的真心話為：「將來想角逐市長一職。」若訪談對象是藝人時，也同樣能套用這個話術：

「我和○○先生／小姐是好朋友。」

「您的意思是？」

「偶爾會一起吃飯。」

「好朋友」有很多種，這樣的說法無法得知兩人之間的感情到何種程度，經由話術的魔法，至少能具體知道彼此為「會一起吃飯」的朋友，而且也能夠了解他們雙方都會在忙碌行程中撥空碰面用餐，彼此的關係十分親密。

13 可否信任？看「攀談頻率」能知道

我們對於感興趣的人自然就會想接近，與對方談話。因此，**只要觀察別人上前與自己談話的頻率，就能知道你的人氣指數了。**

各位在職場上，或者與鄰居的來往、小孩學校的家長會，甚至是自己所屬的團體中，別人上前與自己談話的頻率如何呢？

假如經常有許多人與你攀談，表示你在團體裡屬於人氣較旺的一方。相反地，如果前來攀談的人寥寥無幾，很遺憾地你的人氣指數並不是太高。

對於喜歡的人，我們自然就會想與對方進一步接觸。因此，假如對方不想與你互動，表示他並未對你產生太大的好感。「我並不是討厭你喔！」在職場聽到女生這麼說，而對方也從來未曾主動與你談話，表示她並不怎麼喜歡你。

有一位集體心理治療先驅「雅各布・莫雷諾」（Jacob L. Moreno），他曾經提出一個「社會測量法」（Sociometry），這個測驗被廣泛用於學校班級或組織想檢測人氣指數時。測驗項目包括了「想跟誰說話？」、「想和誰成為朋友？」等問題。

向所有人投以同樣的問題，從大家的回答得知「眾人最想談話的對象」及「最想和他當朋友的人」，就能知道誰是班上或組織裡的人氣王，同時也可從這個測驗了解哪個人是核心人物。問問自己：「別人主動與你攀談的頻率有多高？」就能推斷出你的人氣指數高低，透過此種自問自答的方式便可略知一二，不須特別對別人進行「社會測量法」。

透過這個方法也可知道自己的魅力與性感指數，比方說在三對三的聯誼活動，只要觀察異性對自己的攀談積極度便可了解——最多異性上前攀談的人，表示他（她）的魅力與性感指數最高，相反情況的人則指數較低

對學生來說，找老師商量事情之前，對老師必定有著一定的信任感。「反正去找老師也沒用，老師也不會給我答案的」抱持如此想法的學生是無法提起勇氣找老師商量的。

也就是說，以老師的立場來看，有多少位學生會前來找自己商量事情，就是

最好的「信任度指標」。越能獲得學生信賴的老師，前來尋求幫助的學生也自然較多。

在職場上亦相同，深受部屬信任的主管，部屬會經常向他求助或商量事情。當部屬極少與自己商量時，絕對不可以自以為「一切都很順利」，都是因為部屬不信任主管，都找別人商量罷了，不代表他毫無煩惱事。

部屬會主動尋求能接納自己想法之人，即使是其他部門的人也無妨。原本應該與直屬上司商量的內容，因為與上司的信任關係不足而無法開口求助。

美國北卡羅萊納州立大學（North Carolina State University）大衛・霍夫曼（Hofmann, D. A.）請一四六名護士回想「找別人商量事情的經驗」，根據這些經驗做了分析。

結果十分清楚，護士皆是求助他們十分信任的人。比方說，護士們工作上有不懂的事情時，通常會捨棄「專業的高知識份子」，選擇「信任的人」做為自己的求助對象。即使再優秀的人，在缺乏信任關係之下，護士們也不會前去求助。

我們不會想聽討厭的人說話，這是理所當然的事，所以也不會想去找一個自己不喜歡的人提供意見。

遇到困難時，我們一定會想找能夠信任的人說說話，即使對方知識與經驗稍嫌不足也沒關係。

當我們身體不舒服時，應該找醫生治療。然而，有些人卻求助於宗教人士或占卜師，事實上這種人還真不少。這是因為有些人認為「醫生不會設身處地為自己著想」，彼此之間毫無信任基礎。因此即使對方完全沒有醫學知識，但人們還是會希望找一個能夠與自己對談的人給予意見或協助。

各位讀者，你是多少人的心靈導師呢？假如你是一個朋友或新手們常找的心靈導師，或許會感到有些麻煩，但你應該感謝這一切，因為表示在大家眼中你是一個值得信賴的人。

14 偏愛哪種異性？暗藏性格大不同

當男生們聚在一起喝酒，酒酣耳熱之際，免不了會互問對方：「你喜歡哪種類型的女生？」男生們喝得暢快，酒興正濃時就會開始聊起這類話題。

身為心理學家的我，只要知道對方喜歡的女生類型，便能看出他的個性特質。美國伊利諾大學（University of Illinois）杰利・威金斯（Wiggins, J. S.）曾針對這主題做了研究，接著以威金斯的分析為基礎與各位分享。

第一種類型是：「我喜歡大胸部的女生，胸部越大，管她長相或個性怎麼樣都無所謂了。」這類男生大多善於交際，同時擁有許多女性朋友，也常與人約會；喜歡運動、獨立。比起朝九晚五的上班族，比較適合自己創業。此外，他們大都有抽菸的習慣。

第二種類型為：「胸部大也不錯啦，但我比較喜歡臀部。和胸部比起來，我的目光會先被臀部吸引，而且越大我越愛。」這類型的男生通常依賴心重、愛撒嬌，將來可能會被老婆吃得死死。有時只要發生一點小事就會過度自責，覺得「我真是個笨蛋！」罪惡感不斷上升。

「喂喂~你們一下又是胸部、臀部的，怎麼都關注一些不重要的地方。我比較在意身高，從以前開始我就喜歡高挑的女生。」這類型的男生通常好勝心強、渴切實現願望，對於工作十分有野心，積極想出頭天，大都能繳出不錯的工作成績，工作方面十分出色，但是常會有過度飲酒的問題。

以上皆來自威金斯的分析，有一些沒提到的類型，以下也為各位說明。首先，喜歡小胸部的男生，可能有點憂鬱且優柔寡斷；喜愛小臀部的則是忍耐力十足，不會因為一點事情便拉高嗓門；中意嬌小身形的大概都是較有耐心，凡事皆按部就班的類型。

喜愛美腿的男生善於交際，相反地喜歡胖胖腿的男生通常滴酒不沾、生活步調皆安排妥當。各位男性讀者，覺得如何呢？是不是心有戚戚焉？

因為我不是女生，所以不太了解女生聚在一起時是如何談論男生，但可以藉由對方喜歡的男生類型，看出她的個性特質。

分析喜歡的男生類型與女生個性特質之間關係的重要人物是美國印第安納州「巴特勒大學」（Butler University）的心理學家莎莉・貝克（Beck, S. B.）。貝克研究這件事的同時，針對女性的個性特質做了分析，在這裡為各位介紹貝克的讀心術。

第一種類型是「喜歡男生厚實的胸膛」，這種女生大多善於交際、廣結好友，工作表現也不錯、容易升遷。

第二種類型為「喜歡小又結實的臀部」，此類女生個性好強且比較有女人味，在兩性關係中居領導的一方。

喜歡漫畫中常出現的長腿男性之女性，表示對自己缺乏自信，個性比較內斂，而喜愛看少女漫畫的女生也偏向此種特質。

此外，總是容易被高個子男生吸引的女生，個性上又有什麼特質呢？這種女生通常比較外向活潑，不太喜歡待在家，喜愛在戶外走動也愛運動。價值觀則不太遵循傳統，是比較前衛的女生。

喜愛體型中等的男性，屬於比較傳統的居家女生。想法十分保守，不太喜歡新奇的事物，有時可能會鑽牛角尖。

以上是貝克的分析，因為我不是女生，不太了解與真實情況的吻合程度有多高，但我想以上的研究結果是可以信任的。

每個人的喜好皆不同，不管是男生或女生，似乎比較容易被胸部、臀部及腿所吸引。或許有人「喜歡肩膀」、「喜愛腰部」等，但目前尚未有針對這些部分做個性特質的分析研究。

第 4 章

日常習慣與好惡，窺探「情緒性格」的鑰匙

「缺乏數據的假設必然有誤！這麼做無法得到符合事實的理論，而在無意識間扭曲了事實。」

——《波希米亞醜聞》（*A Scandal in Bohemia*）

01 好感度多少，「人際距離」看得出

拿起咖啡杯品嚐一口之後，在要將它放回盤子上時，你可以故意把咖啡杯往對方的方向挪過去一點，或者將裝有水的水杯稍微靠近對方也可以。

刻意將自己的東西悄悄地往對方接近，或者是放在他旁邊，究竟可以檢測出什麼呢？**假如把東西靠近對方，他卻將身體稍稍往後退，就表示對方其實不喜歡自己。**

當自己討厭的物品或者厭惡的人靠近時，出於本能，人們都會擺出迴避姿勢，拉開身體與該人或物品的距離。

當你與某人共乘計程車時，也可藉由計程車的搖晃，順勢將身體往對方靠近。假如此時對方刻意與你保持距離，很遺憾地，表示對方並不太喜歡你。恐怕眼前的人，也不把你當成戀愛對象。

若有機會坐在和室裡喝茶，可藉由放鬆腳部時，故意往對方再靠近一些。透

過這些簡單的實驗，就可以知道對方喜歡或討厭自己。因為若對方尚未對你產生好感，他一定會設法「逃避」。

與對方面對面談話時，也可以試著將身體再往對方靠近一些。當你發現自己挪動身體接近對方後，他卻往後退了一步，大概就表示對方不太喜歡你。畢竟若是互有好感，通常再怎麼靠近都沒關係。

美國加州大學洛杉磯分校（UCLA）的心理學家艾伯特・麥拉賓（Albert Mehrabian）曾經做過一個實驗——他讓受測者分別與喜歡的人以及討厭之人進行談話。

結果發現，當受測者必須與討厭的人對話時，他會盡量與之保持距離，並且盡可能不做眼神接觸；同時也會將身體向後仰，或者往旁邊移開。根據這些跡象，便可了解對方喜歡或討厭自己的程度。

然而，突然將身體靠近別人，也可能會帶給對方壓力。因此有時候雖然對方並不討厭自己，但也會因為你突如其來的動作，反射性地將身體移開。

因此，建議大家可利用自己的包包或者桌子上的杯子等等，以自己所使用的物品來代替本人，先試著用這些東西靠近對方做測試。

假如對於測試對象來說你真的惹人嫌，對方大概會將物品往你的方向推回，或者以身體靠後的動作來表示對它的厭惡。

02 遲到理由百百款，背後真相是不在意

有些人就算和別人約定了時間也總是遲到，這並不代表他就是一個「懶散的人」，也不是因為他天生愛遲到。在這背後的真相其實是：「因為覺得和你的約定不重要，所以才遲到」。

假如對方重視和你的約定，他絕對不會遲到。想知道事實為何，「只要想想這個人和別人約會，是否也都遲到？」就會知道了。

如果對方不管和誰約會都會遲到，那他或許真的只是個「懶散」的人。然而，若是與別人的約會，皆能依約定時間前往；偏偏與你約會時卻遲到了，就表示對方根本不太把你放在眼裡。

我曾在許多女性雜誌當中，看到「看穿男友真實內心世界」、「看透男性內心想法」的專欄，裡面提到「約會時遲到」便是一個重要的暗示。

假如男生真的把他的女朋友放在心上，並且十分重視，或者打從內心期待著

與女友約會，他是絕對不會遲到的。就是因為那些男生覺得「隨便啦」、「好麻煩」所以才會遲到。

也就是說，只要檢視對方遲到的情形及頻率，就可以了解他有多麼愛你，或者在對方心裡，你的地位如何等等。觀察一個人約會是否準時，可說是最佳的「愛情深度檢測器」。

職場上也會有這種情況發生，有些員工總是上班遲到，究竟可從這個行為中讀取到什麼訊息呢？

其實該名員工並非個性「懶散」才遲到，也不是因為低血壓而早上爬不起來。儘管當事人或許會以此為藉口，但他內心的真心話其實是：「我不想在這間公司工作。」

假如他十分喜愛自己的工作，對公司的忠誠度極高，就絕對不會遲到。之所以無法準時上班，是因為他根本未把自己的工作及公司視為重要之事。

以色列巴伊蘭大學的約瑟夫・茲瓦爾德（Joseph Schwarzwald），曾調查服務業公司裡的男性工作人員，他發現那些對工作較無熱忱之人，遲到的次數也比較多。

約定好時間卻遲到，表示並未重視約定對象；工作或交期無法依約完成，也是相同道理。面對真的很重要的事情，人們是絕對不會出現「遲到」情形。

03 老是「忘東忘西」，不在乎是原因

「那本書你看了嗎？」

「啊，抱歉。我還沒看。」

「資料幫我準備好了嗎？」

「啊，我忘了，我立刻準備。」

明明是自己說過的話、跟對方討論過的話題、已經委託的事情……但對方卻完全忘記了。這樣的現象，表示對方很可能沒有把你放在心上，或者認為你的存在根本無所謂。

假如對方對你有好感或者尊敬你，絕對不可能發生「不小心忘記」這種事。

若是有人常常將你說的話忘記，就表示他根本不在乎你。

面對有興趣的東西，或者抱有好感的對象，一般來說絕對不會忘記。相反地，對於不感興趣的事物，則很快會遺忘，而且不管再怎麼努力去記，大腦也完全無法記起來。

將事情忘記的人或許並無惡意，但他們會忘記就表示一開始便未對你說過的話產生興趣。

人類的記憶系統裡存在著一種「自然遺忘功能」，大腦會自動將不感興趣的事物忘記。例如參加升學考試時，若是面對自己喜歡的科目，便能輕易地將任何內容都塞進大腦；如果是你討厭的科目，不管再怎麼努力也會立刻忘記——問題全出在記憶系統的「遺忘功能」。

此外，當我們將工作交代給部屬，卻發現他忘得一乾二淨，身為上司的你可能會立刻火冒三丈。但是，這麼做對於被責備的部屬其實非常不公平。因為如果這個任務是一個受歡迎或被敬愛的上司所託，相信部屬是不會忘記的。

因此，你不應該責備部屬。**他將委託之事忘得一乾二淨的責任，其實必須歸咎於上司。這都是因為身為上司的你對部屬來說根本不重要，他才會忘記，所以**

是上司應該反省才對。

印第安納大學（Indiana University）的羅伊・彼特森（Peterson, L. R.）指出，在情報進入人們大腦之後大約二〇秒的時間，大約有八五%的記憶會全部忘記。這種「自動遺忘功能」十分強大，因此只要是不在乎的事情，都會自然而然地被記憶系統淘汰。

部屬忘記上司交待的事情並不是出於惡意，而是因為他認為你的存在「不重要」，這一點是不爭的事實。

04 習慣出入的場所，揭穿個性的情報站

一般來說，只要知道他人「身處何地」，通常就能接收到不少情報。比方說，在賽馬場遇到了A先生，就能百分百確定「A先生有賭賽馬」。

再者，從書店走出來的人，或多或少都是對書籍感興趣的——因為不看書的人不會走進書店。而知道對方「從書店走出來」之後，大概就能推測他與不看書的人相比是較有內涵的，或許也是個十分用功讀書、工作能力非常優秀之人。

從護膚中心走出來的人，則通常擁有「強烈想讓自己變美的欲望」，由此便可推測他是愛美之人。畢竟一個認為「只要自己開心，不顧別人眼光、不管對方怎麼想」的人，大概也不會上護膚中心做臉部保養。

舉辦同學會時，假如各位的朋友也參加了，大概都可以從他們身上獲取「工作或家庭十分幸福」這類最基本的情報。因失業不斷找工作，或者一直單身、離過好幾次婚的人，通常都不會想在同學會露臉。

心理學裡有一塊被稱為「行為主義心理學」（Behavioristic Psychology）的領域。行為主義特別著重於人們所處的環境，其基本想法是——從某個人所在的環境或地點，就能看穿對方的心。即使未曾謀面或沒交談過，想知道對方是什麼樣的人，只要偷偷地與他來個不期而遇，然後仔細觀察即可。所謂的「跟蹤狂」，就是基於這個原理而展開行動的。由於跟縱狂對於目標人物十分感興趣，因此他自然會想知道更多有關對方的詳細情報。

當你想了解一個人，只要調查對方週末活動的習性，例如：都在什麼樣的地方購物、喜歡待在怎樣的環境……，就能大概看出對方的個性。

一個不太會喝酒的人不可能去酒吧，假如對方經常上酒吧，至少你可以得知他喜歡喝酒。更進一步地，藉由「對方愛喝酒」這樣的情報，也能猜測這個人喜歡追求興奮與刺激感。這個結論從法國蘭斯大學（Université de Reims Champagne-Ardenne）法比安・路格（Fabien Legrand）的研究中可清楚得證。

順帶一提，喜歡追求刺激與興奮感的人也容易出軌、不太有抵抗力。只要知道對方「經常出入酒吧」，大概就能如此讀取他的內心世界。

對方喜歡去什麼地方？愛做哪些事情？只要先知道這些內容，便可更輕易地了解他。在職場上亦同，假如一直頻繁地看到某人出入「廁所」，那便表示對方較頻尿，屬於容易緊張的類型。

當然，這些日常的觀察也有可能會誤判，但只要常在生活中反覆地推理練習，就能將觀察力培養得越來越敏銳，這一點希望你可以牢記。

05 在意外表的人，渴望表現自己？

有的人會不時在意衣服上出現的皺摺；還有些人在風大時，會介意自己的髮型有沒有被吹得亂七八糟——這是否表示這樣的人比較神經質呢？

事實上並非如此！頻繁在意自己外表的人並不是因為神經質，而是這些人總是十分渴望能夠表現自己。反之，不太在意自己表現的人，通常也不會過於在乎外表。

一個隨時想表現自己的人，大多無法接受衣服上出現皺摺；如果是女性，更不容許自己的妝容不夠美麗——他們總希望在別人眼中，自己永遠是一百分。

根據希臘的作家普魯塔克（Plutarchus）所述，古羅馬的英雄凱撒每次在抓頭時，都不是同時使用五根指頭，而是習慣只以食指抓頭。為什麼只用食指抓癢呢？想必是怕自己的髮型變醜吧！從這一點，就能發現凱撒是個在意自己表現的人。

滿腦子只想著自己表現的人，有一個有趣的特徵——他們大多不喜歡「感謝別人」。這個結論可由美國東華盛頓大學（Eastern Washington University）法威爾（Farwell, L.）的研究中獲得證實。這類型的人為什麼不太喜歡感謝別人呢？因為他們總認為人們對自己好是應該的，根本不需要特別向對方道謝。

建議大家可以觀察逛街時會頻繁關注自己外表的人，這種人常常在收銀台結帳時也不會說「謝謝」；在餐廳用餐，更不會主動向店家說「很好吃」。

究竟為什麼這類型的人就是不喜歡道謝呢？雖然原因還不清楚，但或許是因為他們眼中只有自己，完全無視他人存在的關係吧！

打扮時髦不一定就是以自我為中心的人，但假如你發現他只顧著在乎自己的外表，卻忘了感謝之心，便可以立刻斷定。

06 看鞋子怎麼穿，能破解個性密碼

從鞋子也可以看出一個人的隱藏個性。

二〇一二年時，美國堪薩斯大學（University of Kansas）的心理學研究團隊針對「鞋子給人的第一印象與真實個性之吻合度」實際做了研究。

研究團隊先請十八歲到五十五歲的一〇八名受測者，分別拍下「自己最喜歡以及最常穿的鞋子」之照片，同時對這一〇八位受測者做了能夠分析個性特質的測驗。

接著，實驗人員將鞋子照片交給不相干的第三者看，並請他單純地就鞋子所帶給人的印象猜測鞋子主人的個性。結果在「率直」及「外向」這一點上，第三者所做的預測幾乎皆和受測者的真實個性相吻合。

穿著多色鞋子的主人，容易給人較外向的感覺，而他的真實個性也是如此；穿尖頭鞋的人，與圓頭鞋的主人相比，較容易讓人覺得他「不圓滑」，而事實上

鞋子的主人也是位不太親切的人物。

只要觀察鞋子，就能在某種程度上了解對方的個性，我想各位讀者應該也都能理解了吧！

再進一步說明，有些人喜歡用後腳跟踩著鞋子後側，不將整個腳掌穿進鞋中，他們做事通常比較馬虎。連決定的事情也無法確實執行、做事較缺乏計畫之人，自然穿鞋子時也很隨便。

相反地，總是把鞋子表面擦得光亮無比，在個性上也大多是屬於做事較按部就班的人。雖然可能有些過度認真的地方，或者也可說是比較不知變通，但這樣的人是最適合當工作夥伴的。

至於顏色方面，喜歡茶色或黑色等較穩重色系的人，他們個性屬於較理性、冷靜；而喜愛黃色、紅色等鮮豔顏色之人，則性格比較陽光，但也可能有些輕浮之處。

順帶一提，倘若對方視鞋子為重要配件，那就表示他也頗在乎人際關係；而會將壞掉鞋子反覆修理後再穿的人，只要與他當朋友，他將成為你最值得信任的夥伴。

不在意人際關係的人，通常對於鞋子也不太重視。而想找工作或創業夥伴，視鞋子為重要之物的人會是你較佳的選擇。

07 把錢花在哪，顯露「個性原形」

將錢花在自己喜歡或感興趣事物上是理所當然的，因此**只要調查每個人的金錢使用方法，大概就可以了解他的內在特質**。

英國劍橋大學桑德拉·馬滋（Sandra Matz），請某間銀行協助，針對開戶的七萬六千人做問卷，調查這些用戶平時會將大部分的錢花在哪些地方，接著確認其花費與用戶性格間的關聯性為何，而他從這個調查中得到了一些頗為有趣的結論。

首先，對於新事物總是能夠保持高度興趣的人，經常會將金錢花在藝術、音樂、攝影之上。而時常參加演唱會、欣賞畫作之人，心胸較開放。這類型的人不管做什麼事情都會「積極出手」，因此就算是自己未曾做過的，他們也都能樂在其中。

總是將錢用在保險與健身的人，他們做事比較有計畫。這類型對自己的人生頗有規劃，交友的時候也會考量後才展開行動，還會計算事情的得失，行事較為合理。

會把金錢花在美食或者賭博上之人，通常為社交高手。前者比較喜歡透過美食與人交談互動，而希望經由賭博來創造財富的人，不管和誰都可以開心地相處。

將金錢花在慈善的人，則比較有愛心、為人親切。看到有困難的人總是無法冷眼旁觀，心地十分善良。由於他們親和、正直、待人和善，很適合做為交往的對象。

另外，也有「不把錢花在任何地方」之人。根據馬滋的實驗，這類型當中神經質的人居多。總是在意細微末節，因此老愛把錢放在自己身上。這類型的人擔心自己花了錢之後，可能因浪費錢而生氣。所以，為了不要花錢又受氣，他們選擇將錢留在自己手上。

十分不可思議的是，人類的用錢方式隨著年齡增長而有所不同。

美國的億萬富豪，如卡內基（Carnegie）、洛克斐勒（Rockefeller）等，都是在年輕時幾乎不花錢，但晚年卻積極投入慈善活動。這或許是因為年輕時較為神經質，直到晚年個性有所改變才會有如此差別吧——因為性格的變化也會影響金錢的使用方式。

08 緊張時容易口渴，為什麼？

當我們在緊張的時候，不免會覺得口乾舌燥，稱為「口乾症」（Dry mouth 或 xerostomia）。

各位是否發現每次聽演講時，大概所有演講者的桌上都會放一杯水。為什麼要這麼做呢？這是因為在眾人面前說話通常容易緊張，因此演講者感到口渴是十分正常的。

與客戶洽談生意時，許多人總是習慣不斷地喝著咖啡，等到咖啡喝完了，有些人甚至會連起初店家端出來的冰水也都喝光。從這樣的動作便可以看出這個人內心十分緊張——因為人只要一緊張，就容易感到口渴，身體便開始渴望補充水分。

第一次與心儀之人約會時也一樣，因為緊張而一直感到口渴，可能會不斷地跟店家要水喝，喝酒的時候同樣會一杯接著一杯，結果迅速讓杯底見光。

「口乾症」是一種精神緊張時的自然反應，而不是生理上的水分需求，因此這時不管喝再多的水，都無法解決口渴的問題。

不太習慣與異性相處之人，到了酒店等地方，就容易會因口乾舌燥而不斷地把黃湯灌下肚，最後甚至也讓自己因為過度飲酒而醜態百出。建議這時候最好要先了解自己緊張的情緒，想辦法讓心情穩定下來。

你可以先慢慢地環顧店內四周，挑選一位較穩重的人對話，如此應該可以緩和自己的緊張情緒。當心情舒緩之後，口渴現象便能緩解，接著就可以快樂地品嚐美酒了。

在眾人面前演講或簡報時，最好不要一直喝水。因為不管再怎麼喝水，也無法解決口渴的現象，越喝只會讓情緒越焦慮而已。

根據美國的演講研究者莉莉・沃爾特斯（Lily Walters）指出——緊張時，只要在大腦裡想像「檸檬」即可，口中自然就會分泌唾液，這樣口就不乾了。或者，也可想像一下「酸梅」，是一樣的道理。

除此之外，緊閉嘴巴，將舌尖輕輕碰觸犬齒，口中也會自然流出唾液，一樣可以舒緩口乾現象。

國人屬於容易緊張的民族，從我們上廁所次數較其他國的人多，便可明顯看出。聽說有許多人常有口乾舌燥的煩惱，我想應該也是緊張所引起的。

09 抽菸手勢與吐煙方式，直通內心世界

雖然抽菸的人在國內似乎有減少的跡象，但假如碰上對方是個癮君子，那麼你其實也算是個幸運者。

身為自由記者的本橋信宏先生，他的作品《打開心房的技巧》（心を開かせる技術）當中，就提出了以下論點：「只要對方開始拿起菸吞雲吐霧，就表示自己的機會來了！」這是為什麼呢？

因為，癮君子不會想要一邊抽菸一邊吵架！

根據本橋先生所說，當人們開始抽菸時，表示是心情想要放鬆的時候，沒有人會想一邊抽菸，一邊與人爭論。在這個時候，大部分的人都會以輕鬆的心情與別人交談。

因此，發現對方想抽菸之時，對於身為記者的本橋先生來說，可說是一個進行訪談的大好機會。

與人談論事情或洽談生意時也是一樣的道理——當對方開始抽菸，就表示事情將順利進行。畢竟當對方處於緊張情緒，心中防備未打開時，應該是不會想抽菸的。

若對方想要抽菸，那表示他已經願意對你敞開心胸了。如果想聽到對方的真心話，或者希望挖掘什麼秘辛，把握這個時機就對了。

身為心理學家的我，也同樣認為當對方開始想抽菸的時候，就是突破心防的大好良機。因為從「抽菸」這個動作中，可挖出對方許多內心話，接下來為大家詳細說明。

首先，假如對方是經常抽菸之人，表示他的個性比較外向，但也是個較神經質的人。基本上來說算是容易親近，然而也有心思細膩的時候。比方說，約好時間絕對不會遲到，而且必定遵守交期等等。

抽菸時，如果手心朝上，是屬於比較陰柔的類型；假如手心朝向自己，則較陽剛，這種人只會讓別人看到自己的指甲。

此外，**觀察抽菸者的吐煙方式，也是一個很好的判斷線索**，能從中窺探他的內心世界。

將煙往前方吐的人，通常比較強勢，具有攻擊性。也不在乎別人，只以自我為中心。

而會把煙往上吐的人大多對自己有自信，他們對工作同樣充滿信心，總認為自己的工作方式是對的。這類型的人絕對不會輕易改變信念，做事也會有始有終。

會將煙往下方吐，或者是朝旁邊吐出，是屬於柔順且做事知分寸，也相對陰柔的人。由於他們不想讓眼前的人受到煙霧影響，於是會貼心地將煙往下方或旁邊吐出。

以上是牛津大學的彼得・科萊特所做的分析，光是一個吐煙的動作就能看出這麼多端倪。

接著，從吸菸的時間長短也能得知一些訊息！

比方說，攻擊性較強、個性好勝的人，吸菸時間會比非此類型的人長約七〇%的時間。這些人總是焦慮不安，因此罹患心臟疾病的風險也很高，藉由大口大口地吸菸、換氣，可讓他們的心情比較放鬆。因此，這類型之人總是會大口地吸菸，會將菸抽到最後一口。

當對方拿起菸時，請從以上這些細微之處開始觀察他吧！

10 顏色偏好和個性有關，色彩心理學大揭密

日本有位名叫「Dandy 坂野」的搞笑藝人，只要講到他，大家就會直覺聯想到黃色西裝，黃色的衣服已成為他的註冊商標。

雖然我未曾和坂野先生碰過面，但如果能確定他是因為喜歡黃色而常穿黃色西裝，我大概能猜出他的個性為何。基本上他是個內心感到幸福的人，而且性格十分積極。

另外，說起日本的搞笑藝人團體「Maple 超合金」，其中成員 Kazulaser，人們就不免會想到他的紅色西裝。雖然與 Kazulaser 並不熟，但假如他平常都喜歡穿紅色衣服，我也可以從中解讀出他的個性特質——我想他應該是個佔有慾強，而且很有主見的人。

喜歡紅色的人，基本上佔有慾是比較強的。只要看到自己的情人與別人聊天，立刻打翻醋桶，有什麼就說什麼，一點也不會客氣。

以上分析是摘自山梨大學的名譽教授——松岡武老師在《色彩與人格》（色彩とパーソナリティー）中所提到的內容。

人們所喜歡的顏色和每個人的個性大概都有些關聯，根據學者的研究，雖然結果和事實會有些微的出入，但大致上都是吻合的。

剛才已經先針對黃色和紅色做了分析，那麼喜歡「茶色」的人個性特質又是怎樣呢？

喜歡茶色之人比較愛撒嬌，但也較自卑。由此可知，愛穿茶色外套的人，應是此種性格——雖然表面上看起來十分開朗，但心裡其實有著不能與人分享的自卑感。

喜愛綠色的人通常容易感到疲累，三不五時會把：「啊～我累了！」這樣的話掛在嘴邊。他們不太善於說出心裡話，這一點和喜歡紅色的人雖然是強烈對比，然而嫉妒心卻比喜愛紅色之人更加強烈。

你可能會認為「大多數人都喜歡白色」，而喜愛白色的人比較自閉，甚至還十分自卑。總是會在與他人比較之後，認為自己不如人而陷入低潮。

喜歡黑色的人又有著什麼樣的個性特質呢？綜合幾種研究結果後可知，他們通常有著反社會的特徵，總是能若無其事地違反法規，例如在寫著「禁煙」之處抽著菸，或者不在乎地破壞公司的社規等等。另外，喜歡黑色的人個性是比較表裡不一的。

下次各位不妨試著從對方喜歡的色彩，藉此判斷他的個性特質！

11 電郵測心術，好感度精準讀取

只要看別人寄給我的電子郵件，我大概能知道對方喜不喜歡自己。而且，幾乎是一瞬間就可解讀出來。

「啊，這個人真的很在乎我。」、「嗯~他似乎只想跟我當商場上的夥伴~」透過我的敏銳度，瞬間就能讀出這些訊息。

我並不是透過困難的言語分析，只是大概計算了在電子郵件內出現的單字數。只要從「單字數」判斷，就能知道對方有多麼在乎自己。

當我們面對喜歡或在乎的人時，應該都會想多與對方互動。因此電子郵件寫著寫著，一個不小心內容也跟著變多了。相反地，當你並不積極地想與對方有所交集，則會寫出極為簡短的郵件。

假如有一位A先生，寄了一封三百字的郵件給你；而B先生只寄了約五十字的郵件，由此可知A先生對你較感興趣，也比較關心你，同時也能知道A先生是懷抱善意的。

美國加州大學的艾伯特・麥拉賓（Albert Mehrabian）曾召集六十三名大學生，請大家針對以下的內容做想像——題目為：「你喜歡（或討厭）的人來找你，而他想找工作，希望你幫他寫一封推薦信。」接著遞給每個人一封推薦信，請他們動手寫寫看。

實驗後麥拉賓統計每個人所寫的字數，為喜歡的人書寫推薦信的平均單字數為一三一・三五字，而若是討厭之人則為一〇八・五八字。

若對方是自己喜歡的人，一般人大概會寫出多於平常一〇%～二〇%字數的文章。面對討厭之人，可能是因為交差了事的心態趨使，大都會覺得是麻煩事而少寫。

因此，假如有人寫給你的信內容永遠很少，表示他對你可能沒有太多的好感。對方喜歡你的話，應該會寫出更長的郵件才是。

每次自己寫了一大篇郵件給對方，他卻只回了一句：「好的，我知道了。」就表示對方並未多在乎你。

當然，人們在忙碌的時候，郵件內容也會變得短一些，一、二次的短信還在可容許範圍內，不必過於擔心。

此外，若對方真的是個大忙人，有時可能連寄封郵件的時間都沒有，在這種狀況下，就算收到極簡短的內容，也無須過度擔心。

12 走路步伐和擺手，內心情緒全顯露

其實看著辦公室裡來來往往的人，從步行的樣子就能夠知道：「啊，那個人應該遇到了什麼好事情！」、「啊，他剛剛大概被上司削了一頓。」一個人走路的方式，表現出當下的心理狀態。

美國衛斯理學院（Wellesley College）的喬安・蒙特帕雷（Montepare, J. M.）曾做過一個實驗，他請五名女大學生將下列的場景記在腦海，要求她們進入以下的情緒狀態——

❶**幸福**：應徵上自己夢寐以求的公司，正要去告訴朋友。
❷**悲傷**：為了去探望一個受傷的友人，走在醫院走廊上。
❸**憤怒**：和朋友吵架後，回到家裡。
❹**榮耀**：在班上考了第一名。

女大生們進入各種情緒狀態後，蒙特帕雷請她們在走廊上步行大約十公尺的距離，並用攝影機記錄下來進行分析。

結果可知，**越幸福的人，走路時手的擺動幅度越大**。

因此，若看著辦公室來來往往的人，發現某人走路時雙手擺動幅度比平常還大，就可知道他八成是遇上好事情了——大概是簽到新合約，或者剛完成什麼艱難的任務吧！

有許多小孩子總是大步大步地走，為什麼呢？我想大概是因為他們沒太多的煩惱及壓力，每天都生活得很開心。而與大人相比，大部分的小朋友走路時總是大幅地擺動雙手。

處於悲傷心理狀態的人，走起路來絕對十分沉重，不但腳部動作無法抬高，還經常會以拖拉的方式行走。假如發現有人這麼走著，表示他應該遭逢某事，正處於低落情緒，建議你不如上前向他問聲：「你還好嗎？」

生氣的人走起路來也十分沉重，一樣無法提起雙腳，以拖著步伐的方式行走。有些人可能認為，生氣的人走起路來會大聲地蹉著地板，並發出很大的聲響，但事實似乎並非如此。

感到驕傲的人，走路時的最大特徵是「抬頭挺胸」，而且大大地邁開步伐行走。這樣的結論，應該人人都可以想像得到。此外，他們走起路來比較輕巧，甚至會出現跳躍的小步伐。

走路時的樣子反映著一個人的心理狀態，無聊的時候可以觀察街上或辦公室裡來來往往的人，看看他們的走路樣貌！

後記

人的直覺最準確，看穿對方能靠它

有時候初遇某人會對他產生特殊的感覺：「這個人看起來不錯！」、「嗯～應該跟自己蠻合的！」明明毫無根據，但直覺卻這麼告訴自己。

本書介紹的就是教大家如何看到每個人的內心真實面貌，這種「自然產生」的感覺絕對不是憑空出現。即便無法透過言語形容，內心的感覺會告訴你。

根據報導，曾有人覺得「眼前這個人很危險」，才剛離開現場，就發現對方是逃亡的連續殺人犯。此外，更有某位女性因為衝進電梯的陌生男子給她一種「莫名的噁心感」，而立刻按了最近的樓層離開電梯，結果後來證實該男為強暴犯。

我們本能、直覺產生這種「莫名的直覺」絕對不是壞事。

根據哈佛大學納里尼・安保蒂（Nalini Ambady）實驗指出，她錄下講師上課時的影片，除掉聲音並讓大家看三十秒後，受測者對講師的評論和上了半年課程的學生評價幾乎相同。由此可知，光看影片就能看出老師的實力。

安保蒂甚至將觀看影片時間縮減為五秒，沒想到評價是一樣的；時間再縮為兩秒，評價依舊沒變。因此，我們瞬間看穿某人的個性能力是被應證過的事實。

「雖然無法解釋清楚，但我就是這麼感覺」這句話應該大家都曾說過吧！而學習讀心術可幫助我們了解別人的內心真實世界。縱使無法真的習得此技能，在日常生活中還是有許多「直覺」十分準確，相信自己的直覺準沒錯。

在寫這本書時，一直受到大和書房編輯部的種岡健先生照顧，藉此向他表達謝意。謝謝種岡先生給我靈感，告訴我：「只要將你平常與人談話時，如何看穿別人的細節寫下來就可以了。」因此才有這本書的誕生。對於解讀他人內心有興趣的人，如果本書對各位有所幫助，便是我最開心的事。

最後，要謝謝各位讀者，謝謝大家一起讀完本書，真心感謝大家，希望有一天能在某處與各位見面。

內藤誼人

參考文獻

Ables. B. 1972 The three wishes of latency age children. Developmental Psychology, vol.6, 186.

Ambady, N. & Rosenthal, R. 1993 Half a minute: Predicting teacher evaluations from thin slices of nonverbal behavior and physical attractiveness. Journal of Personality and Social Psychology, vol.64, 431-441.

Baillie, M. A., Fraser, S. & Brown, M. J. 2009 Do women spend more time in the restroom than men? Psychological Reports, vol.l05, 789-790.

Bavelas, J. B., Coates, L. & Johnson, T. 2002 Listener responses as a collaborative process: The role of gaze. Journal of Communication, vo1.52, 566-580.

Beck, S. B., Ward-Hull, C. I. & McLear, P. M. 1976 Variables related to women's somatic preferences of the male and female body. Journal of Personality and Social Psychology, vol.34, 1200-1210.

Boyatzis, C. J. & Satyaprasad, C. 1994 Children's facial and gestural decoding and encoding: Relations between skills and with popularity. Journal of Nonverbal Behavior ,18, 37-55.

Carney, D. R., Hall, J. A. & LeBeau, L. S. 2005 Beliefs about the nonverbal expression of social power. Journal of Nonverbal Behavior, vol.29, 105-123.

Dimaggio, C., Nicolo, G., Popolo, R., Semerari, A. & Carcione, A. 2006 Self-regulatory dysfunctions in personality disorders: The role of poor self-monitoring and mindreading. Applied Psychology: An international review, vol.55, 397-407.

《You Say More Than You Think》Janine Driver, 2010

Ehrlich, R. P., D、 Agelli, A . R . & Danish, S. J. 1979 Comparative effectiveness of six counselor verbal response. Journal of Counseling Psychology, vol.26, 390-398.

Farwell, L. & Wohlwend-Lloyd, R. 1998 Narcissistic processes: Optimistic expectations, favorable self-evaluations, and self-enhancing attributions. Journal of Personality, vol.66, 65-83.

Friedman, H. S. 1978 The relative strength of verbal versus nonverbal cues. Personality and Social Psychology Bulletin ,4, 147- 150.

Galili, L., Amir, O. & Gilboa-Schechtman, E. 2013 Acoustic properties of dominance and request utterances in social anxiety. Journal of Clinical Psychology, 32, 651-673.

《Ohne Worte》Thorsten Havener, 2014

Helzer, E. G. & Dunning, D. 2012 Why and when peer prediction is superior to self-prediction: The weight given to future aspiration versus past achievement. Journal of Personality and Social Psychology, vol.103, 38-53.

Highlen, P. S. & Baccus, G. K . 1977 Effect of reflection of feeling and people on client self-referenced affect. Journal of Counseling Psychology, vol.24, 440-443.

Hofmann, D. A., Lei, Z. & Grant, A. M. 2009 Seeking help in the shadow of doubt: The sense making processes underlying how nurses decide whom to ask for help. Journal of Applied Psychology, vol.94, 1261-1274.

Judge, T. A., Cable, D. M. 2004 The effect of physical height on workplace success and income: Preliminary test of a theoretical model. Journal of Applied Psychology, 89, vol.428-441.

Kacewicz, E., Pennebaker, J. W., Davis, M. Jeon, M. & Graesser, A. C. 2013 Pronoun use reflects standings in social hierarchies. Journal of Language and Social Psychology, vol.33, 125-143.

Kleinke, C. L., Staneski, R. A. & Weaver, P. 1972 Evaluation of a person who uses another's name in ingratiating and noningratiating situations. Journal of Experimental Social Psychology, vol.8, 457-466.

LaFrance, M. 1979 Nonverbal synchrony and rapport: Analysis by the cross-Iag panel technique. Social Psychology Quarterly, vol.42, 66-70.

Legrand, F. D., Goma-i-Freixanet, M., Kaltenbach, M. L. & Joly, P. M. 2007 Association between sensation seeking and alcohol consumption in French college students: Some ecological data collected in "Open Bar" parties. Personality and Individual Differences, vol.43, 1950- 1959.

Lechelt, E. C. 1975 Occupational affiliation and ratings of physical height and personal esteem. Psychological

Reports ,36, 943-946.
Mahoney, J. L., Cairns, B. D. & Farmer, T. W. 2003 Promoting interpersonal competence and educational success through extracurricular activity participation . Journal of Educational Psychology, vol.95, 409-418.
Matz, S. C., Gladstone, J. J. & Stillwell, D. 2016 Money buys happiness when spending fits our personality. Psychological Science, vol.27, 715-725.
Mehrabian, A. 1965 Communication length as an index of communicator attitude. Psychological Reports, vol.17, 519-522.
Mehrabian, A. 1968 Relationship of attitude to seated posture, orientation, and distance. Journal of Personality and Social Psychology, vol.10, 26-30.
Montepare, J. M., Goldstein, S. B. & Clausen, A. 1987 The identification of emotions from gait information. Journal of Nonverbal Behavior, vol.11, 33- 42.
Muehlenhard, C. L. & Hollabaugh, L. C. 1988 Do women sometimes say no when they mean yes? The prevalence and correlates of women's token resistance to sex. Journal of Personality and Social Psychology, vol.54, 872-879.
Parks, K. A., Hequembourg, A. L. & Dearing, R. L. 2008 Women's social behavior when meeting new men: The influence of alcohol and childhood sexual abuse. Psychology of Women Quarterly, vol.32, 145-158.
Peterson, L. R. & Peterson, M. J. 1959 Short-term retention of individual verbal items. Journal of Experimental Psychology, vol.58, 193-198.
Robles, T. F., Shaffer, V. A. Malarkey, W. B. & Kiecolt-Glaser, J. K. 2006 Positive behaviors during marital conflict: Influences on stress hormones. Journal of Social Personal Relationships, vol.23, 305-325.
Schwarzwald, J., Koslowsky, M. & Shalit, B. 1992 A field study of employee's attitudes and behaviors after promotion decisions. Journal of Applied Psychology, vol.77, 511-514.
Siegman, A. W. 1976 Do noncontingent interviewer Mm-hmms facilitate interviewee productivity? Journal of Consulting and Clinical Psychology, vo1.44, 171-182.
Snyder, M., Tanke, E. D. & Berscheid, B. 1977 Social perception and interpersonal behavior: On the self-

fulfilling nature of social stereotypes. Journal of Personality and Social Psychology, vol.35, 656-666.
Sorrentino, R. M. & Field, N. 1986 Emergent leadership over time: The functional value of positive motivation. Journal of Personality and Social Psychology, vol.50, 1091-1099.
Standing, L. 1973 Learning 10,000 pictures. Quarterly Journal of Experimental Psychology, vol.25, 207-222.
Thomas, A. P. & Bull, P. 1981 The role of pre-speech posture change in dyadic interaction. British Journal of Social Psychology, vol.20, 105-111.
Thomas, G. Fletcher, G. J. O. & Lange, C. 1997 On line emphathetic accuracy in marital interaction. Journal of Personality and Social Psychology, vol.72, 839-850.
Van Edwards, V. 2013 Human lie detection & Body language 101: Your guide to reading people's nonverbal behavior . Amazon Services International, Inc.
Vanman, E. J., Saltz, J. L., Nathan, L. R., & Warren, J. A. 2004 Racial discrimination by low-prejudiced whites. Psychological Science, 15, 711-714.
Vogt, D. S. & Colvin, R. 2003 Interpersonal orientation and the accuracy of personality judgments. Journal of Personality, vol.7I, 267-295.
Wagner, R. K. & Sternberg, R. J. 1985 Practical intelligence in real world pursuits: The role of tacit knowledge. Journal of Personality and Social Psychology, vo1.49, 436-458.
Wallbott, H. G. 1992 Effects of distortion of spatial and temporal resolution of video stimuli on emotion attributions. Journal of Nonverbal Behavior, vol.16, 5-20.
Walters, L. 1993 Secrets of Successful Speakers. McGraw-Hill.
Wiggins, J. S., Wiggins, N. & Conger, J. C. 1968 Correlates of heterosexual somatic preference. Journal of Personality and Social Psychology, vol.10, 82-90.
《Reading Faces》Leslie Zebrowitz ,1997

看穿內心情緒的行為暗示心理學

頂尖心理學家證實，99%人能看透的50招讀心術

人間関係を超「思いどおり」にする究極の読心術

作　　者　內藤誼人
譯　　者　郭欣怡

總 編 輯　鄭明禮
責任主編　楊善如
業務經理　劉嘉怡
行銷企畫　龐郁男、朱妍靜
會計行政　蘇心怡、林子文

封面設計　萬勝安

出版發行　方言文化出版事業有限公司
劃撥帳號　50041064
電話／傳真　（02）2370-2798／（02）2370-2766

定　　價　新台幣290元，港幣定價96元
初版一刷　2018年4月11日
ISBN　978-986-96175-5-0

國家圖書館出版品預行編目（CIP）資料

看穿內心情緒的行為暗示心理學：頂尖心理學家證實，99%人能看透的50招讀心術／內藤誼人作；郭欣怡譯. -- 初版. -- 臺北市：方言文化, 2018.04　面；　公分（大眾心理學堂；PP008）
譯自：人間関係を超「思いどおり」にする究極の読心術

ISBN 978-986-96175-5-0（平裝）

1.行為心理學　2.肢體語言　3.讀心術

176.8　　107003787

方言文化

迎合別人只會換來表面假好，而非真心

可以善良，但你要有底線不當好人

人際關係斷・捨・離，勉強自己和別人好，不如找人真心對你好

- 38則「小惡精神」的處世待人原則，拒絕別人，你沒有對不起誰！
- 堅定的善良，無需委屈求全與犧牲！
- 定價 NT 280 元

雖然「被討厭」是許多人共同的恐懼，但一昧討好他人，其實只是在抹煞性格色彩，讓自己的魅力消失殆盡！比起花心思配合十個豬朋狗友，展現自己的個性，交到一個真心朋友，更有價值！

如果善良的你依然擔心，請看看作者「午堂登紀雄」在書裡為你剖析「被討厭的人生」，很快你就會明白，「被討厭」沒什麼，「做自己」得到的最真心，人際關係也要勇敢斷・捨・離！

唯有放棄拚命追求「幸福」，才可能擁有美好時光

剛剛好，的生活

找到自己的平衡點，不過累也不嫌少，離美好最近

- 英國重量級媒體一致讚譽！亞馬遜讀者五顆星最高評價！
- 「美好」的定義，不在擁有多或少，而是要「剛剛好」的平衡。
- 定價 NT 360 元

兩人看電影，你會付錢買三張票？當然不會！但你卻一直為多餘事物不停地付出巨大代價，包括自由、時間、精力、感情甚至是健康，還有人類所居住的地球。

書中廣泛地從各層面探討，運用詼諧、逗趣與機智的筆觸，讓人們重新檢視長期被忽略的「滿足本能」，並提供絕妙有效的巧思與方法，讓你從資訊、工作、財物、快樂、成長、食物、選擇等方面找到自己的「平衡點」。

暢銷推薦

不用辭職！用業餘時間可提升專業與基本能力！

斜槓微創業【實踐版】

你自己就是創業資本，將大腦知識全部變現金

· 50位頂尖斜槓無私分享，七步驟實現多重收入
　與自由夢想人生。
· 中國暢銷直逼50萬冊・近兩百萬粉絲追蹤。
· 定價 NT 360

你不必急著辭職，而是做好自我管理，先利用業餘時間深化本職專業知識，透過網路建立個人品牌，做好一樣再繼續做一樣，以及提升閱讀、思考與寫作三大基礎能力。

也許有人自覺無一技之長，其實是尚未發覺自己優勢。《斜槓微創業》以實例告訴你，許多斜槓在成功之前都是再普通不過的家庭主婦、徬徨找不到工作的社會新鮮人、對前途悲觀的大學生……，以及他們是如何找到自己的「突破點」，挖掘個人的潛能，如何包裝自己到最後擁有數十萬粉絲與可觀穩定收入。

掃除你工作上所有的「慌忙焦慮」和「破財厄運」

精準整理

最強！工作與金錢整理絕技，招招改變你的職場運和財富收入

· 整理精準到位，財富收入、時間管理、人際關
　係……全都順心順手！
· {情境圖解}49招整理絕技
· 定價 NT 300

很多人認為只要將文件桌面收拾得整齊乾淨就可以了！抱持「我大概記得東西放在哪裡就好啦」這種心態……結果每天至少浪費1小時找資料，造成工作效率低落。

《精準整理》告訴你如何整頓大腦思緒，以及運用「順序索引、圖解標註、分類速查、循環利用、立體收納、休眠保存、更新捨棄……」，留下精準「線索」，最快找到想要的資料文件。